金融智库丛书

本书的研究、写作与出版，受到国家自然科学基金项目"中国资本市场系统稳定性评估与监测研究"（项目批准号：71273190）的经费资助，特此感谢！

中国资本市场
系统稳定性评估与监测研究

闻岳春　程天笑　夏　婷　等　著

中国出版集团公司

世界图书出版公司

广州·上海·西安·北京

图书在版编目（CIP）数据

中国资本市场系统稳定性评估与监测研究 / 闻岳春
等著 . —广州 : 世界图书出版广东有限公司 , 2017.8
ISBN 978-7-5192-3535-2

Ⅰ.①中… Ⅱ.①闻… Ⅲ.①资本市场—研究—中国
Ⅳ.① F832.5

中国版本图书馆 CIP 数据核字（2017）第 206055 号

书　　　名	中国资本市场系统稳定性评估与监测研究
	ZHONGGUO ZIBEN SHICHANG XITONG WENDINGXING PINGGU YU JIANCE YANJIU
著　　　者	闻岳春　程天笑　夏　婷　等
策划编辑	孔令钢
责任编辑	黄　琼
装帧设计	黑眼圈工作室
出版发行	世界图书出版广东有限公司
地　　　址	广州市新港西路大江冲 25 号
邮　　　编	510300
电　　　话	020-84460408
网　　　址	http:// www.gdst.com.cn
邮　　　箱	wpc_gdst@163.com
经　　　销	新华书店
印　　　刷	虎彩印艺股份有限公司
开　　　本	710mm×1000mm　1/16
印　　　张	11
字　　　数	184 千
版　　　次	2017 年 8 月第 1 版　2018 年 4 月第 2 次印刷
国际书号	ISBN　978-7-5192-3535-2
定　　　价	42.00 元

前　言

在经济结构面临转型和升级的关键时期，"稳中求进"成为我国政府工作尤其是宏观经济工作的总基调。作为市场化的资源配置平台，资本市场应该担当服务、支持实体经济改革的重任。健康、稳定的资本市场更是当前经济发展的迫切要求。

自沪深证券交易所成立以来，我国资本市场在摸索中不断升级，并逐步形成了覆盖多层次股票市场、债券市场、基金市场等在内的多层次资本市场体系。虽然在证券发行、交易机制等方面，中国资本市场有明显提升，在投资者构成、公司质量等方面也缩小了与健全市场的差距，但是我国资本市场发展时间较短，市场异动、内幕交易、市场操纵等时有发生，凸显出当前资本市场的制度性缺陷，这也是市场频繁爆发异常波动的主因。尤其自 2015 年年初以来，受多方面因素影响，在短短几个月时间内，"千股跌停"、"千股涨停"、"千股停牌"等场面轮番在资本市场上演，给投资者造成数以万亿计的财富贬损，成为我国资本市场发展史上不可磨灭的一次惨痛经历。

维护金融稳定、守住不发生系统性金融风险的底线一直是近年来我国金融体系的主基调，而如何加强对资本市场系统稳定性的评估与监测，强化对资本市场整体风险状况与风险传染渠道的分析，也是当前经济、金融理论界与金融监管部门的首要任务之一。多位国家领导人及金融系统的主管领导就多次在公开场合表达了维护资本市场稳定的决心。在 2017 年 2 月末的证监会新闻发布会上，现任主席刘士余更是要求以"资本市场是否稳健发展"来检验改革效果，并处理好资本市场改革、发展、稳定三者之间的关系是当前的重中之重。

金融稳定不是一个新问题，从美国次贷危机衍生出的全球金融危机，暴露出系统性风险的多样化来源这一新特点，也验证了资本市场系统稳定性对金融稳定乃至经济发展的重要意义。据我们所知，现阶段对资本市场系统稳定性的学术研究主要以银行系统为对象，并不能满足当前对金融稳定、资本市场稳定的实践需求。为此，我们从新角度对资本市场系统稳定性进行了梳理与评估，旨在寻求资本市场系统稳定性理论与方法上的新突破，这也是本书诞生的重要契机。

我与程天笑博士后、夏婷博士等研究人员花费三年多时间，围绕"稳定性"这一关键词，对资本市场系统稳定性进行了多维度研究，本书就是一系列研究成果的系统性整合。本书从稳定性内涵、计量方法、实证研究、经验分析等多个角度逐步深入，尤其从市场的网络结构、羊群行为、溢出效应等视角对以股票市场为代表的资本市场的稳定性进行了实证评估与监测。这也是目前国内首次对资本市场系统稳定性展开多角度分析的研究。当然，限于数据可获得性和精力，我们对债券市场的研究还不够丰富，这也将成为我们今后的研究方向之一，也欢迎学者和我们进行沟通和交流。对我国资本市场系统稳定性的现象分析和理论深化，将一直是我们的重点研究工作。

本书是在众人的大力支持和帮助下完成的。肖敬红博士、唐学敏博士对本书的研究设计提出了方向性的重要建议，并参与了本书的模型研究、数据分析及部分内容的写作，对本书倾注了颇多心血；研究团队中的谭丽娜硕士、李峻屹硕士等对本书的资料收集、数据分析及部分内容的写作、修改付出了大量的时间和精力；黄福宁博士后、刘畅硕士、张妍硕士、卢杰硕士等也给我们提供了各种有益的帮助。他们的悉心相助和勤勉付出才使本书得以顺利完成，谨此，向上述朋友和同学的诚挚相助表示衷心的感谢。

同时，也十分感谢世界图书出版广东有限公司的相关领导和老师给予本书的出版提供的大力支持，尤其是孔令钢编辑，为本书的出版花费了大量的时间、精力，尤其是对稿件的细致审核与校对。

本书也是我主持的国家自然基金项目"中国资本市场系统稳定性评估与监测研究"（项目批准号：71273190）的主要研究成果，感谢国家自然基金为此提供的资助与支持。感谢课题组其他人员石建勋教授、刘春彦副教授、吴英姿博士、段奕冰硕士、张宗祥硕士对研究工作的帮助与支持。

最后，资本市场稳定性有着丰富的理论内涵和巨大的现实需求，限于我们的知识储备和研究水平，书中可能存在一些不足之处，恳请大家斧正。希望此书的出版和传播，能够吸引更多优秀学者来丰富这一领域的研究，加快推进我国资本市场健康、稳定发展。

闻岳春

2017 年 3 月

内容提要

　　面对后金融危机时代日趋复杂的国内外经济金融环境，党的十八大和中央经济工作会议明确提出了"维护金融稳定"和"守住不发生系统性金融风险的底线"等要求。随着资本市场的迅速发展，以资本市场为核心与平台的金融综合经营与交叉性金融服务创新不断深入，使得资本市场系统稳定性成为影响金融稳定的核心因素。但中国资本市场发展时间较短，存在较多制度性缺陷，资本市场频繁爆发异常波动。在这种情况下，如何加强中国资本市场系统稳定性的评估与监测，成为经济金融理论界与监管部门面临的重要课题。有鉴于此，本书将从多个角度讨论中国资本市场系统稳定性的评估与监测，构建资本市场系统稳定性的预警指标体系。

　　与以往将资本市场置于金融稳定框架下的研究不同，本书将更为深入地探究资本市场系统稳定性，多角度、多方法、长样本下对中国资本市场系统稳定性进行评估和监测研究，丰富了资本市场的特征分析。本书对资本市场系统稳定性的定性分析是对现有金融理论领域的极大补充，所用的实证计量方法更为金融应用领域提供可行的操作方法。定性分析与定量分析相结合的系统稳定性研究框架，为资本市场系统稳定性的理论研究与实践监管提供了理论基础与监管工具。

　　次贷危机与国际金融危机之后，网络结构模型被大量用于模拟与评估银行体系的系统稳定性。与银行体系一样，资本市场也可以被理解为一个复杂网络。借鉴网络结构模型应用的成功经验，第三章以中国股票市场为研究对象，使用格兰杰因果网络模型模拟中国股票市场，分别从个股与行业两个维度讨论了股票市场的网络结构特征。实证研究发现，在个股层面，中国股票市场不具有典型的无标度特性和小世界网络特性，度分布相对于无标度网络更为均匀，网络结构相对于小世界网络更加松散；在行业层面，尽管中国股票市场的小世界网络特征不太明显，但无标度网络的特征较为明显。这表明，中国股票市场具有一定的系统稳定性，尽管其网络分布较无标度网络更为均匀，也更容易受到系统性的冲击，但由于大部分节点的度相对较小，同时聚类系数较小，因此随机冲击的影响十分有限。

羊群行为是一种典型的不稳定交易行为，其在表现形式上与资本市场系统稳定性极为相似，两者均强调了个体行为的一致性。与此同时，投资者大范围的羊群行为将造成投资者交易行为趋同，加速资产泡沫形成，提高了资本市场暴涨暴跌的可能性，是资本系统稳定性恶化的必要条件。本书第四章在 Pukthuanthong & Roll（2009）、Berger & Pukthuanthong（2012）的框架下，以中国股票市场为研究对象，提出了股票市场系统稳定性评估的 FI 指标、K 指标以及相应的状态空间模型估计方法。使用 K 指标与 FI 指标，考察了系统稳定性对股市崩盘与跳跃等极端性风险事件的影响，实证结果发现，对于股指收益率崩盘与跳跃、行业共生性崩盘与跳跃，以及单个行业收益率崩盘与跳跃等，FI 指标均不能显著影响这些极端事件的发生概率；相反，K 指标则具有一致的显著性，反映出 K 指标比 FI 指标提供了更多关于资本市场风险的信息，能够更好地刻画系统稳定性。

第五章使用 VAR 模型与多元 GARCH 模型，讨论了溢出效应视角下的资本市场系统稳定性评估与监测。股票市场与债券市场是资本市场最主要的组成部分，也是投资者资产配置的传统渠道。风险在这两个市场间的溢出与传染，往往是资本市场系统稳定性降低的主要表现形式。实证结果表明：在均值溢出层面，股市对债市存在显著的单向均值溢出效应，但债市对股市均值溢出则不显著；在波动溢出层面，股市和债市间的波动溢出不显著。特别是，鉴于中国股票市场波动性剧烈、社会影响广泛，还考察了股市板块间的溢出效应，发现主板对中小板、创业板有均值溢出，但在相反方向上，均值溢出效应部不显著；其次，主板、中小板、创业板两两之间的波动溢出显著，说明板块间具有较强的风险传染性。

尽管本书第三、四、五章分别从网络结构、羊群行为与溢出效应的视角，讨论了资本市场系统稳定性的评估与监测，但面对突发性的资本市场系统稳定性恶化，监管部门的应对措施往往非常有限，而且难以取得预期的效果。有效的事前预警不仅可以揭示风险来源，而且有助于监管部门提前制定风险应对与处置政策，降低发生系统性危机的可能性与危害性。因此，对于监管部门而言，加强资本市场系统稳定性的事前预警具有重要意义。

因此，本书第六章以中国股票市场为研究对象，采用信号法，构建了股票市场系统稳定性的预警指标体系。待选指标阵列主要来自于宏观环境因素、市场结构因素与投资者行为三个方面。借鉴 Heiberger（2014）的研究，使用 m 指标对股票市场系统稳定性进行了识别，为筛选最终的预警指标提供了基础。针对识别结果，分别从准确性与时效性两方面对单个指标的预警效力进行了比较，并选取了噪音信号比最小的 11 个指标组成预警指标体系，包括 OECD 领先指数、CPI 与 PPI 之差、M_1 与 M_2 同比增速之差、融资融券余额、美元指数、股债比、流通市值与 M_2 之比、创业板市场占比、直接融资比重、个人投资者持股占比、投资者情绪指数。最后，针对单个预警指标预警效力不足、不同预警指标可能发出矛盾信号等问题，通过方差加权方法构建了综合预警指标指数 CEI_t，能够比较好地提取各单个指标的预警信息，提高了预警的准确性，实证结果也表明 CEI_t 具有较好的预警效力。

对于资本市场而言，证券公司不仅是重要的中介机构，也是主要的机构投资者。伴随着证券行业创新发展的不断深入、证券公司业务规模不断扩大，业务复杂性也不断加深，证券公司的健康发展对资本市场系统稳定性具有举足轻重的影响。参考了国际监管框架和中国证券业协会对证券公司的自律性要求，本书第七章构建了资本市场系统重要性证券公司的评估指标体系。以 2015 年的 40 家证券公司为样本，运用熵值法对资本市场系统重要性证券机构的特征与发展动态进行了动态评估。研究发现，中信证券、海通证券、国泰君安一直是系统重要性证券公司；规模性、关联性是决定其系统重要性的关键因素，体现了 SIFIs "大而不倒"、"太关联而不倒"的负外部性。

第八章分析了美国、英国、日本、德国等成熟市场监管模式、政策法律制度演变等，总结了上述资本市场系统稳定性的实践经验，而后对比分析了中国资本市场系统稳定性现状。针对中国现存的问题和成熟市场的经验总结，从优化资本市场运行环境、完善市场供需平衡机制、提高上市公司质量、规范市场参与主体、规范存量股尤其是大股东减持行为、合理运用市场调控手段六方面提出了一些有利于中国资本市场系统稳定发展的建议和措施。

最后，第九章对本书的研究结论进行了总结，分析了本书在研究视角、研究方法、研究内容上存在的可能创新点，最后指出本书研究的不足之处，明确了未来深化课题研究的若干方向。

关键字：资本市场　系统稳定性　复杂网络　羊群行为　溢出效应　系统重要性金融机构

Abstract

Facing the increasingly complex domestic and international economic and financial environment in the post financial crisis era, the eighteenth national congress of the CPC and central economic work conference clearly put forward the requirements of maintaining of financial stability and holding the bottom line of systemic financial risk. With the rapid development of capital market, the development of financial comprehensive management and cross financial service innovation which takes capital market as the core platform is deepening which makes the the stability of capital market system to be the core factor of financial stability. However, as the development time is short, China's capital market has many institutional defects which leads to frequent fluctuations. In this case, how to strengthen the evaluation and monitoring of the stability of the capital market system has become an important issue facing by economic researchers and regulatory authorities of China. In view of this, this paper will discuss the assessment methods of China's capital market stability from various aspects and construct the early warning system.

Different from previous studies based on the financial stability, this paper will investigate the capital market stability in multiply views and methods, especially for evaluation and monitoring, which enriches studies on the characteristics of capital market, what's more, our empirical analyses can used as practical tools to financial applications. The research frame of capital market stability combined qualitative analysis with quantitative analysis provide a theoretical basis and regulatory tools for financial researchers and capital market stability supervision.

After the Subprime crisis, network sturcture model has been widely used to simulate and evaluate the stability of the banking system. Like the banking system, the capital market can also be understood as a complex network.Based on previous studies, the third chapter discusses the evaluation and monitoring of the stability of the capital market system from the perspective of network structure. The third chapter takes the stock market as the research object, using the Grainger causal network model to simulate the stock market of China and discuss the network structure from two dimensions of stock and industry.From the perspective of complex networks, standard scale–free networks exhibit characteristics of power–law distribution, implying strong stability in the face of random shocks and huge risks in the face of deliberate attacks against the key network nodes. Meanwhile, the characteristics of small world network show that the distance between any two nodes in the network is small and the information dissemination is very fast despite of the numerous network nodes. Empirical study of the third chapter show that, under the dimension of stocks, China's stock market has no characteristics of scale–free network and small world network, but under the dimension of industry, China's stock market has no the characteristics of small world network. This shows that China's stock market has a certain degree of systemtic stability. Although its network distribution is more uniform than scale–free network and thus more vulnerable to systemic shocks, the impact of random shocks is quite limited because of the relatively small scale of most nodes and the small clustering coefficient.

Herd behavior is a typical unstable trading behavior emphasizing on the convergence of individuals' trading behavior, which take a similar form with the stability of the capital market system. At the same time, herding behavior is a necessary cause of deterioration of capital system stability: a large range of herd behavior will cause the convergence of investors' trading behavior, accelerate asset price formation, enlarge the possibility of capital market crash and pose serious threat to the stability of the capital market system.Using China's stock market as the research object, the fourth chapter starts from the investor behavior, introduce Hwang & Salmon (2004)'s idea of herd behavior measurement under the framework of Pukthuanthong & Roll (2009), and

Berger & Pukthuanthong (2012) ,propose the K index and FI index to evaluate the systemtic stability of the stock marketand the corresponding standard state space model. By investigating the effects of system stability on the extreme risk events such as stock market crash and jump, the fourth chapter makes a comparison between K index and FI index. The empirical results show that FI indicators are not significantly influence the probability of collapse and jump for both stock index returns and industry symbiosis, as well as the single industry yields. On the contrary, the K index has the same significance, which reflects that the K index can better describe the stability of the stock market, and provides more information about the risk of the capital market than the FI index.

The fifth chapter uses VAR model and multivariate GARCH model to discuss the systemtic stability evaluation and monitoring of capital marketfrom the perspective of spillover effect. Along with the innovation and development of China's capital market, the interconnection mechanism among the sub marketsis becoming increasing perfect and the cross-financial business is growing rapidly, creating objective conditions for the spillover and contagion aomong the markets and bring a potential threat to the stability of the capital market system. The stock market and bond market are the most important part of the capital market, and also the traditional channel of the asset allocation. The risk of spillover and contagion between the two markets is often the main manifestation of the stability of the capital market system. Empirical results of the fifth chapter show that, in terms of mean spillover, there is significant one-way spillover effects between the stock market and bond market. The stock market's rate of return will significantly affect bond yields while the bond market has no overall significant mean spillover effect on the stock market. In terms of volatility spillover, there is no significant volatility spillover between the two markets, which shows the characteristics of market segmentation.

In particular, considering the violent fluctuation and widerspread social impact of China's stock market, the fifth chapter examines the spillover effects among different stock market board. The results show that, the mainboard has mean spillover effect on the small and medium enterprise board and the growth enterprise board, but there is no mean spillover effect in the opposite direction. At the same time,there is significant synergistic effect between the different board, and the mainboard lead the small and medium enterprise board and the growth enterprise board significantly. Secondly, there are significant volatility spillover effects between mainboard, small and medium enterprise board and the growth enterprise board.

Although theafore mentioned chapters discuss the evaluation and monitoring of the systemic stability of the capital market separately from point of the network structure, herding behavior and spillover effect, but in the face of the sudden deterioration of the systemic stability of the capital market, regulatory measures are very limited and difficult to achieve the desired effect. On the contrary,early warning can not only reveal the source of risk, but also help regulators to develop risk management and disposal policy in advance, which is helpful for reducing the possibility and harmfulness of systemic crisis. Therefore, it is of great significance to strengthen the systemic stability of the capital market.

Therefore, the sixth chapter studies the construction of the early warning index system of the stock market systemic stability by the signal method.The index is chosen from the macro environment, market structure and investor behavior. Based on the research conclusions of Heiberger (2014), the paper uses the mindex to identify the systemic stability of the stock market. Based on the identification result, the effect of the single index of the sixth chapter from the perspective of veracity and timeliness are compared, and 11 indicators of minimum signal to noise ratio which constructing the early warning index system are selected, including: OECD leading indicator, CPI and PPI, M_1 and M_2 growth difference, margin balance, the dollar index, credit debt ratio, market capitalization to M_2 ratio, the the growth enterprise board market proportion, the proportion of direct financing, individual investors accounted for, investor sentiment index. Finally, for the problem of poor warning effectiveness of a single index and the problem of contradictory signals of different early warning indexes, the sixth chapter establishes the comprehensive early warning index by variance weighted method which extracted the early warning information of each individual indexcomprehensively.

For the capital market, the securities companies are not only an important intermediary, but also the institutional investors. With the innovation and development of the securities industry, business scale and complexity of securities firm is continuously expanding, so the healthy development of the securities firm have a significant influence on the systemic stability of the capital market. Taking the international regulatory framework and the requirements of the securities association of China's securities companies as reference, the seventh chapterconstructes theevaluation index system of capital market systemic importance securities firm. Using the sample of 40 securitiesfirms in 2015, the seventh chapter features and the dynamic development of capital market systemic importance securities firmby entropy method. The study found: CITIC Securities,Haitong Securities and Guotai Junan arecapital market systemic importance securities firms; business scale and relevance are the key factor to determine the importance of systemic importance ofsecurities firm, which reflect thenegative externality of SIFIs with "too big to fail", "too interconnected to fail".

The eighth chapter analyizes of the international experience of capital market supervision system stability which including infrastructure system, policy guidance, evaluation system and supervision system by case study of United States, Britain, Japan,Germany. This chapter also analyzes the status and problems of China's capital market systemic stability. Lastly, the eighth chapter gives the policy recommendations based on the mature capital market systemic stability supervision practice.

Finally, the ninth chapter summarizes the conclusions. More than that, we also conclude the possible innovation points on research view, methodology and content. Lastly, we point out the shortcomings and potential directions of further research.

Key words: capital market   system stability   complex network   herd behavior spillover effect   systemically important financial institutions

目　录

第1章　导　　论 ……………………………………………………001

　1.1　研究背景与研究意义 …………………………………………001

　1.2　研究框架与研究内容 …………………………………………002

第2章　相关理论及文献综述 ………………………………………007

　2.1　金融稳定的定义 ………………………………………………007

　2.2　金融稳定的影响因素研究 ……………………………………010

　2.3　金融稳定的生成机制研究 ……………………………………012

　2.4　金融稳定的计量方法研究 ……………………………………015

　2.5　金融稳定的监管研究 …………………………………………019

　2.6　文献述评 ………………………………………………………022

第3章　网络结构特征视角下资本市场系统稳定性的评估与监测：

　　　　以股票市场为例 ……………………………………………023

　3.1　复杂网络模型与格兰杰因果网络模型的概念与方法 ………024

　3.2　中国股票市场系统稳定性的评估：基于个股的分析 ………027

　3.3　中国股票市场系统稳定性的评估：基于行业的分析 ………032

　3.4　本章小结 ………………………………………………………036

第4章 羊群行为视角下资本市场系统稳定性的评估与监测：

以股票市场为例 ··037

　4.1 羊群行为视角下的股票市场系统稳定性评估框架 ············037

　4.2 实证研究准备 ··040

　4.3 针对股票市场极端波动的指标有效性分析 ···················045

　4.4 本章小结 ··054

第5章 溢出效应视角下资本市场系统稳定性的评估与监测 ·········055

　5.1 股票市场与债券市场间溢出效应研究 ·······················056

　5.2 股票市场板块间溢出效应研究 ······························067

　5.3 本章小结 ··082

第6章 资本市场系统稳定性预警指标体系研究：以股票市场为例 ·········084

　6.1 股票市场系统稳定性预警与监测待选指标阵列 ···············085

　6.2 基于 m 指标的股票市场系统稳定性识别 ·····················091

　6.3 资本市场系统稳定性预警与监测指标体系的构建 ·············097

　6.4 综合评价指数的合成 ·······································100

　6.5 本章小结 ··104

第7章 资本市场系统重要性金融机构评估：以证券公司为例 ···········105

　7.1 系统重要性金融机构的评估指标体系 ·······················106

　7.2 系统重要性证券公司的评估结果 ···························110

　7.3 系统重要性证券公司的动态分析 ···························112

　7.4 本章小结 ··117

第8章 境外资本市场系统稳定性的实践经验及对中国的启示 ·········118

　8.1 境外资本市场系统稳定性的实践经验 ·······················118

8.2　中国资本市场系统稳定性分析 ·························· 132

8.3　境外资本市场系统稳定性的实践对中国的启示 ·········· 137

第 9 章　研究结论与未来展望 ··························· 140

9.1　研究结论 ··· 140

9.2　可能的创新点 ····································· 142

9.3　研究不足与展望 ··································· 143

参考文献 ·· 145

附　　录 ·· 158

第1章 导　论

1.1　研究背景与研究意义

由美国次贷危机引发的国际金融经济危机，充分暴露出金融风险的破坏性，也让世界各国认识到维护金融稳定的重要性和必要性。进入后金融危机时代，国内外经济发展环境日趋复杂，影响国内外金融市场的不确定性因素日益增多。在这种形势下，党的十八大和中央经济工作会议明确提出了"维护金融稳定"和"守住不发生系统性金融风险的底线"等基本要求。

改革开放以来，资本市场迅速发展，对中国金融体系变革与金融稳定产生了尤为深远的影响。伴随着中国多层次资本市场体系的完善，不断提高的社会直接融资比例，缓解了社会对以银行体系为主的间接融资的依赖，有利于化解集中在银行体系的系统性风险。与此同时，资本市场的系统稳定性已经逐渐成为影响金融稳定的核心因素。首先，资本市场为金融机构提供了更为丰富的投融资产品与风险管理工具，可以说，资本市场的系统稳定性关乎金融机构的经营成败；其次，不同金融机构以资本市场为平台，通过同业合作，不断推动金融综合经营与交叉性金融服务创新，使得各类金融机构间的关联性日益密切，为金融风险的跨行业与跨市场传染创造了客观条件，对金融稳定产生潜在威胁。

中国资本市场频繁爆发异常波动，不仅反映了市场的不成熟，也充分暴露了监管的不适应与低效率等问题。面对"维护金融稳定"和"守住不发生系统性金融风险的底线"的基本要求，如何加强中国资本市场系统稳定性的评估与监测，强化对资本市场整体风险状况与风险传染渠道的分析和研判，成为当前经济金融理论界与金融监管部门面临的重要课题。

尽管金融稳定并不是一个新问题，但是，美国次贷危机引发的国际金融经济危机暴露出系统性风险来源多样化的新特征，并进一步印证了资本市场系统稳定性对金融稳定的重要意义，从而对金融稳定监管提出了新的要求。在这一需求的推动下，金融稳定重新成为学术界讨论的热点问题。即便如此，现有研究仍然主要以银行体系的系统稳定性为研究对象，缺乏对于资本市场系统稳定性的讨论，并不能充分满足当前金融稳定理论研究与监管实践的需要。同时，合理评估与监测金融稳定性、资本市场系统稳定性是金融稳定监管、资本市场稳定性监管的核心问题。在梳理与归纳资本市场系统稳定性基本特征的基础之上，本书将从多个角度讨论中国资本市场的系统稳定性评估与监测，构建系统稳定性的预警指标体系，为金融稳定监管、资本市场稳定性监管提供理论基础与监管工具。

1.2 研究框架与研究内容

图1-1展示了本书的研究框架。在这一框架下，本书主要包括以下6个研究主题。

1.2.1 网络结构特征视角下资本市场系统稳定性的评估与监测

从关联性视角看，网络模型是一种很自然的候选方法，因为网络模型使监管者可以跟踪直接金融关联导致的外溢效应；与此同时，其他评估方法潜在地将金融系统冲击假设为外生变量，网络模型则可以解决由此产生的外生性问题。因此，美国次贷危机引发国际金融经济危机之后，众多学者将网络结构模型用于模拟与评估银行体系的系统稳定性研究。

与银行体系一样，资本市场也可以被理解为一个复杂网络。不同的是，在银行体系网络中，网络节点为参与网络的各类金融机构，节点间的联系是金融机构之间的债务联系；在资本市场网络中，网络节点是各类资产，节点间的联系则被表达为资产价格的波动关联性。借鉴网络结构模型在银行体系系统稳定性评估监测的成功经验，本部分以中国股票市场为研究对象，通过分析中国股票市场的网络结构特征，考察股票市场的系统稳定性。对股票市场来说，个股与行业是研究系统稳定性的两个重要维度，为了更全面地考察中国股票市场乃至资本市场的系统稳定性，本部分将分别从个股与行业两个维度对股票市场系统稳定性展开分析。

1.2.2　羊群行为视角下资本市场系统稳定性的评估与监测

投资者行为是影响资本市场系统稳定性的重要因素。作为最典型的不稳定交易行为，羊群行为与资本市场系统稳定性具有极为相似的表现形式：资本市场系统稳定性的恶化突出反映为资产价格非理性的同涨同跌；而羊群行为刻画了投资者之间相互模仿、相互跟随的行为特征。与此同时，羊群行为是导致资本系统稳定性恶化的必要条件：投资者大范围的羊群行为将造成投资者交易行为趋同，加速资产泡沫形成，放大了资本市场暴涨暴跌的可能性，严重威胁资本市场系统稳定性。

尽管 Pukthuanthong & Roll（2009）并未直接讨论资本市场系统稳定性，但其研究为资本市场系统稳定性的评估提供了一个有用的框架。在这一框架下，Berger & Pukthuanthong（2012）提出了评估资本市场系统稳定性的 FI 指标，但 FI 指标仅从一阶矩层面考虑了平均意义上的资产价格敏感性，而忽视了资产价格变动的一致性特征；此外，该指标将有效率的价格调整纳入其框架下，从而使其对资本市场系统稳定性存在一定程度的错误估计。

针对 FI 指标存在的问题，在 Pukthuanthong & Roll（2009）框架下，本部分引入 Hwang & Salmon（2004）关于羊群行为计量的思想方法，并以中国股票市场为研究对象，从二阶矩的角度提出了一个评估资本市场系统稳定性的 K 指标，并通过讨论 K 指标与 FI 指标对于对中国股票市场崩盘、跳跃等极端事件概率的影响，比较了两者的优劣。

1.2.3　溢出效应视角下资本市场系统稳定性的评估与监测

伴随着中国资本市场创新发展的不断深入，资本市场各子市场间互通互联机制逐步完善，交叉性金融业务规模增长迅速。考察资本市场子市场间的风险溢出与传染，对评估与监测资本市场系统稳定性具有重要意义。

股票市场与债券市场是资本市场最主要的组成部分，也是投资者资产配置的传统渠道。中国资本市场已经形成了覆盖股票市场与债券市场的资本市场体系。风险在这两个市场间的溢出与传染，往往是资本市场系统稳定性降低的主要表现形式，并可能引发系统性的金融危机。以 2007 年美国次贷危机为例，债券市场的违约事件快速演化成股票市场暴跌，并从美国迅速向全球范围溢出。因此，在这一研究主题中，本部分首先通过考察中国股票市场与债券市场之间的溢出效应，分析资本市场系统稳定性的评估与监测。

其次，相比债券市场，全国性的股票市场发展历史相对更长，波动更加剧烈，社会影响也更为广泛。2016 年 5 月，全国中小企业股份转让系统（简称"新三板"，下同）分层方案出炉，并于 6 月正式执行和实施分层，标志着中国股票市场形成了以主板、中小板、创业板为主体，新三板、区域股权市场等为补充的多层次股票市场体系。因此，本部分通过考察股票市场板块间的溢出效应特征，研究了股票市场的系统稳定性，分析股票市场内部的相互作用机制，从溢出效应视角对股票市场系统稳定性进行了评估与监测。

1.2.4　资本市场系统稳定性预警指标体系研究

面对突发性的资本市场系统稳定性恶化，监管部门的应对措施往往非常有限，而且难以取得预期的效果。相反，有效的事前预警不仅可以揭示风险来源，而且有助于监管部门提前制定风险应对与处置政策，降低发生系统性危机的可能性与危害性。因此，对于监管部门而言，加强资本市场系统稳定性的事前预警具有重要的意义。

以中国股票市场为研究对象，本部分采用信号法，构建了股票市场系统稳定性的预警指标体系。待选指标阵列主要来自于宏观环境因素、市场结构因素与投资者行为三个方面。借鉴 Heiberger（2014）的研究，使用 m 指标对股票市场系统稳定性进行了识别，为筛选最终的预警指标提供了基础。基于股票市场系统稳定性的识别结果，从准确性与时效性等角度对单个指标的预警效力进行了比较。最后，针对单个预警指标预警效力不足、不同预警指标可能发出矛盾信号等问题，通过方差加权方法构建了综合预警指标 CEI_t，全面提取各单个指标的预警信息，以提高预警的准确性。

1.2.5　资本市场系统重要性金融机构评估：以证券公司为例

美国次贷危机引发的国际金融经济危机爆发前，全球主要经济体均奉行"太大而不能倒"的危机监管理念，即通过避免大型金融机构的倒闭来遏制风险的大范围扩散。但是国际金融危机的经验表明，系统性危机的源头与载体不再局限于传统的"太大而不能倒"机构，那些网络关联性强、业务复杂性高、影响涉及面广的金融机构，同样可能将其内部的风险通过各种渠道传染到其他机构，进而危及整个金融与经济体系的稳定与安全。

面对系统性危机来源多样化的新特征，监管机构与学术界从功能主义的视角出发，客观权衡"太大而不能倒"监管理念的利弊得失，提出了系统重要性金融机构监管的新理念。系统重要性金融机构的识别与评估是系统重要性金融机构监管的首要问题。对于资本市场而言，证券公司不仅是重要的中介机构，也是主要的机构投资者。伴随着证券行业创新发展的不断深入，证券公司业务规模不断扩大，业务复杂性也不断加深，证券公司的健康发展对资本市场系统稳定性具有举足轻重的影响。根据中国证券行业的特征和发展动态，本部分构建了中国系统重要性证券公司的评估指标体系，并结合指标法和熵值法，考察了系统重要性证券公司近3年的动态特征。

1.2.6 境外资本市场系统稳定性的实践经验及对中国的启示

首先，案例分析了美国、英国、日本、德国多个成熟资本市场的系统稳定性监管经验，包括基础制度、政策导向、评估体系与监管体系等多方面。在此基础上，对中国资本市场系统稳定性的现状、存在的问题及原因进行了针对性分析，并基于国际成熟资本市场系统稳定性监管的实践经验提出了政策建议。

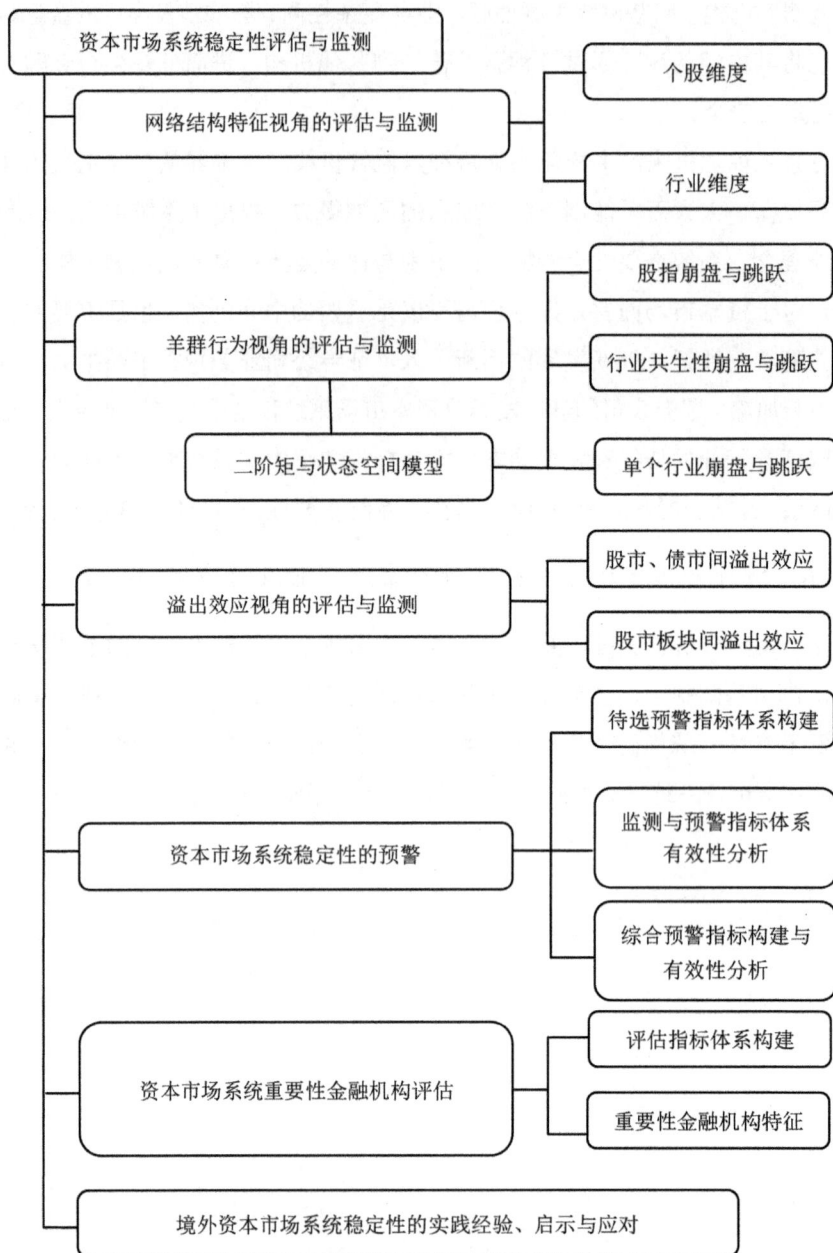

图1-1　本书研究框架

第 2 章　相关理论及文献综述

自 2007—2008 年国际金融危机以来，金融稳定成为学术界与监管机构讨论的热点。危机后，金融稳定监管的思想也逐渐由强调单个金融机构经营稳健性的微观审慎监管向注重金融系统稳定的宏观审慎监管转变。但目前，关于这些主题的研究主要讨论了银行体系的系统稳定性，而较少以资本市场为研究对象。本章将梳理相关理论，为资本市场系统稳定性的评估、监测与预警研究提供借鉴。

2.1　金融稳定的定义

尽管早在 20 世纪 90 年代，金融稳定的概念就已经被提出，但是至今也没有对金融稳定给出一个被广泛接受的概念。张洪涛与段小茜（2006）将金融稳定的相关定义归纳为抵御冲击说、要素描述说、金融功能说、系统性风险说和金融不稳定说五类。但更为宽泛地，可以将不同的金融稳定概念定义方式区分为正面界定与反面界定两类；与此同时，尽管这些研究使用了"金融稳定"、"金融脆弱"、"金融不稳定"、"系统性风险"等不同的表述方式，但是这些名词的背后具有高度一致的内涵，因此，下文对这些概念不再做进一步区分。

2.1.1　正面界定：抵御冲击说、要素描述说与金融功能说

抵御冲击说、要素描述说与金融功能说都是通过归纳金融体系符合稳定性要求所应具有的状态或功能特征来定义这一概念。金融稳定不仅是指金融体系具有承受

冲击的能力（PadoaSchioppa，2003），也指构成金融体系的主要要素都能平稳运行（Duisenberg，2001），更进一步地说，稳定的金融体系能合理配置资源并承受外部冲击，从而保证金融机构和实体经济的正常运行（Wollink，2002）。相应地，金融稳定具有以下四个特征：一是币值稳定；二是失业水平在自然失业率附近；三是金融机构、金融市场正常运转；四是经济体系中实物资产价格处于合理区间，不会影响币值稳定和就业情况（Foot，2003）。

2005 年，中国人民银行发布的《中国金融稳定报告》也将金融稳定定义为：金融体系处于能有效发挥其关键功能的状态，在这种状态下，宏观经济健康运行、货币和财政政策稳健有效、金融生态环境不断改善、金融机构与金融市场和金融基础设施能够发挥资源配置风险管理支付结算等关键功能，在受到外部因素冲击时，金融体系整体上仍能平稳运行。

2.1.2 反面界定：系统性风险说与金融不稳定说

相对于金融稳定，金融脆弱或金融不稳定的特征更容易观察到，比如资产价格剧烈波动、金融机构破产倒闭、大量投资者出现巨额亏损等。2007 至 2008 年的国际金融危机爆发以前，已有研究集中使用了"金融脆弱"、"金融不稳定"的称谓。当金融资产价格波动或金融机构为履行合约责任而采取的行为潜在破坏了经济正常运行的基础时，金融市场将会处于不稳定状态，金融稳定是指没有不稳定的状态（Crockett，1996）。金融不稳定也因此具有以下三个特征：一是一些重要金融资产价格严重脱离其价值；二是信贷体系严重扭曲；三是经济体系的总支出剧烈波动背离了实体经济的生产能力（Ferguson，2002）。

2007 至 2008 年的国际金融危机爆发后，大量研究开始从系统性风险（Systemic Risk）的视角讨论金融稳定的问题。与金融稳定类似，学术界与监管层对于系统性风险（Systemic Risk）并无明确统一的、被广泛接受的定义。为避免未来金融危机的再次爆发，欧洲中央银行（European Central Bank，下文简称 ECB）于 2010 年成立了欧洲系统性风险理事会（European Systemic Risk Board，下文简称 ESRB）。在 ESRB 成立伊始，便面临着准确定义系统性风险的困难。一方面，这反映出系统性风险的复杂性，另一方面，这也说明系统性风险的相关研究存在较大的局限性，有待进一步深入。

尽管系统性风险的概念尚未明确统一，但是，需要注意的是"系统性风险（Systemic

Risk）"与"系统风险（Systematic Risk）"有着本质区别。系统风险是微观意义上的风险，指证券市场中不能通过分散投资加以消除的风险，也称为不可分散风险或剩余风险。系统性风险则是指宏观意义上的风险，反映通过金融体系中各类风险的积累而诱发灾难性金融危机的可能性。综合目前的主要研究，对于系统性风险的概念，学术研究中主要从以下四个方面对其进行定义。

第一类研究主要考虑系统性风险的危害范围，不仅包括整体性系统性风险，也包括对于具体金融市场的系统性风险。Bernanke（2009）认为系统性风险将威胁整个金融体系以及宏观经济而非一两个金融机构的稳定。ESRB（2009）则将系统性风险定义为"金融不稳定的范围爆发，从而危及金融体系的运行，导致经济增长与社会福利遭受巨大损失"。此外，一些研究也专门针对具体的金融市场或金融领域的系统性风险展开讨论。有学者认为，银行业系统性风险可由银行系统的共同危机、特定银行间危机以及于某个特定银行相互联系的系统危机这三个相互补充的方面构成（Goodhart & Segoviano，2009）。

第二类研究则从系统性风险生成机制的角度，强调了由于各种原因导致的金融机构之间的高度关联性。国际清算银行（Bank for International Settlements，下文简称 BIS）（1994）定义系统性风险为金融活动的参与者未能履行契约债务义务，依次导致其他参与者违约的序贯违约，导致更大范围内的金融困境。系统性风险是指整个金融体系崩溃的可能性，也表现为金融机构之间较高的相关性。单个事件可以通过一个机构传导至多家机构、从一个市场传染至多个市场，从而引发多米诺骨牌效应，导致损失扩散和蔓延，最终降低整个金融体系脆弱性的可能性（Hart & Zingales，2009）。

第三类研究则从金融功能的视角定义系统性风险。系统性风险是指突发事件引发金融市场信息中断，使得金融市场信息混乱，从而导致金融体系功能丧失的可能性（Minsky，1995），以及支付系统的严重紊乱（Freedman & Goodlet，1996）。系统性风险对金融体系的影响也表现在信贷配置、支付清算、金融资产定价这三个金融功能上（Loretan，1996）。

第四类研究不仅强调了系统性风险对金融体系的冲击，而且更为强调给实体经济造成的负面经济后果。基于此，美国联邦储备委员会（Federal Reserve Board，下文简称 FRB）（2001）将定义系统性风险为，由于个别金融机构未能清偿到期债务，导致其他债权人也无法偿还债务，伴随着危机的扩散，其他金融机构、存款机构及实体经济都会遭受严重的支付困难。同时，也有学者认为，系统性风险是由于某次经济动荡引起的潜在风险，将引起资产价格大幅波动、企业流动性显著降低、潜在破产风险显著增大以及资产的重大损失（Kupiec & Nickerson，2004）。金融稳定委员会（Financial Stability Board，下文简称 FSB）（2009）把系统性风险定义为由于金融系统的整体或部分减值而产生的、可能给实体经济造成潜在负面经济后果的金融行业崩溃的风险，特别是一家机构的倒闭引起系统内其他机构的倒闭并对实体经济产生影响的风险（Hart & Zingales，2009）。

总体而言，对金融稳定的正面界定和反面界定均强调了以下三方面内容。一是对金融体系整体乃至实体经济都将具有严重的潜在冲击，即宏观性与全局性特征；二是具有高度的传染性特征，能够从单一具体金融领域传染到整个金融体系，从虚拟经济传染到实体经济，从国内传染到国际；三是极强的外部性特征，即在风险生成方面，虽然始于个别金融机构，但是风险成本却由金融市场的所有参与者承担，在冲击范围方面，并不局限于单一金融机构风险的简单累加，而往往产生"1+1 ＞ 2"的影响。

2.2 金融稳定的影响因素研究

通过梳理已有研究，本章将影响金融稳定的因素分为两类：一是外生性因素，源于宏观经济波动和突发事件冲击；二是内生性因素，主要源于金融机构风险累积、金融市场动荡、金融基础设施不完善和货币政策措施失当等（Schinasi，2007）。

2.2.1 外生性因素

关于宏观经济波动对金融稳定的影响，国外学者重点关注真实 GDP 增长（负相关）、外部真实收益率（正相关）、国内真实利率（正相关）、大额资本流入（正相关）、资本流出或资本外逃（正相关）、通货膨胀率（正相关）等因素。研究发现，一国的经济结构不合理将导致该国国际收支失衡，如果缺乏有效的宏观经济政策予以缓解，在国际热钱冲击等特定情形下可能引发货币危机和银行危机。

而突发事件，包括政治事件（恐怖主义袭击和战争等）、自然灾害以及大型企业的倒闭等，都可能重创市场信心，影响整个金融体系的正常运转。因此，未来维护金融稳定的重要一面是防范未预期扰动因素带来全球资产投资领域的交互式影响。国际货币基金组织（International Monetary Fund，下文简称 IMF）（2009）认为禽流感也可能对国际金融体系和世界经济造成破坏性影响。

2.2.2　内生性因素

金融机构风险累积主要是金融机构自身面临的各种金融风险，如信用风险、市场风险、流动性风险、外汇风险等。这些风险的积累可能触发单个金融机构的经营失败，继而引发多米诺骨牌效应，导致大量银行倒闭和整个金融体系瘫痪。其中最为重要的金融机构是银行，正如吴敬琏（2002）所指出的，"银行系统的稳定是金融稳定的核心，这是从 20 世纪金融业研究中得出的一项基本结论"。尤其是银行对私人部门的信贷，过快的增长速度将诱发银行危机。

造成金融市场动荡的原因主要包括金融结构失衡、金融创新风险转移不当、资产价格波动幅度过大等。①关于金融结构与金融稳定的关系。根据金融发展理论，金融结构与经济发展密切相关，更是金融稳定的重要影响因素。随着财富的增加，银行、非银行金融机构和股票市场规模越大的国家，金融作用更强、效率更高，但是，过急过早地强行逆转金融倾斜态势将不利于金融稳定。②金融创新与金融稳定的关系目前仍存在分歧。一种观点认为金融创新可以优化金融结构，提高金融效率，从而使得金融体系变得更加稳定；也有观点支持金融创新可能冲击金融稳定，导致金融体系的脆弱性。③传统理论认为，保持价格稳定有利于实现金融体系的稳定，反之，资产价格的大幅波动和信用的快速扩张相互作用，是导致金融不稳定的重要原因。

金融基础设施，如金融法律制度、会计准则、信用环境等的不完善将会给金融稳定带来威胁。法律制度是投资者权利的主要来源，金融监管的关键在于实现对中小投资者权利的有效法律保护，而若转型经济条件下法律框架不健全，企业广泛涉及机会主义和非法行为，有时甚至得到当地政府的默许或者授权，加速金融体系不稳定的形成。在 2007 年的次贷危机中，会计准则中的公允价值计量原则备受诟病和责难，在错误的情形下引起的资产价值的波动，会扭曲真实价格信息，从而误导银行在面对出售或持有贷款时的选择，导致银行陷入不必要的危机。关于信息披露制度与金融稳定的关系，已有研究存在着"披露—稳定"和"披露—脆弱"两种分歧巨大的观点。前者认为信息披露充分，市场透明度高，市场优胜劣汰规律得以发挥作用，监管部门可以在弱势银行引发危机之前察觉；后者认为信息披露可能误导某些公众将具体的银行财务信息误判为整个银行体系普遍存在的问题，继而引发银行挤兑或股市崩盘，引发金融不稳定。

对于金融稳定与货币政策关系的研究，一部分学者认为，金融不稳定通常是由总体价格波动引起或使之更加严重，因而维持价格稳定的货币政策能够促进金融稳定，且货币稳定是实现金融稳定的充分条件，或者至少可以说货币稳定对于金融稳定是有益的。另一部分学者则认为，以价格稳定为导向的货币政策容易造成较高利率的形成，会对金融稳定产生负面效应。不管持哪种观点，如果货币政策举措失当，通货膨胀大幅波动且极不稳定，会导致真实财富在存款人和贷款人之间重新分配，从而导致金融机构财务状况和风险状况的恶化，严重时甚至会导致金融机构倒闭。

2.3 金融稳定的生成机制研究

美国次贷危机引发国际金融经济危机之前，金融稳定生成机制侧重于考察风险的溢出与传染。在资产定价理论中，股票、债券价格是预期现金流的现值，由未来现金流、预期贴现率决定。凡是引起未来现金流、预期贴现率改变的因素都有可能影响股票、债券价格，进而影响收益率及波动率。在其他条件不变的情况下，无风险收益率、通胀率等影响两者价格变化的因素都可能引起股票、债券价格发生同向变动，此时表现为正的相关性，即 Engsted & Tanggaard（2001）认为的联动效应（Co-movement Effect）。另一种行为金融理论的观点则认为，股票、债券的定价机制实际上完全不同。股票的名义收益率是不稳定的，实际收益率则相对稳定；债券的名义收益率是确定的，实际收益率则是不确定的（史永东等，2013）。这种认知差异使得股票、债券对新信息的反应不同，尤其是对未来现金流的预期不再保持一致。市场信息的变化可能导致股票、债券价格反向变动，此时表现为负的相关性，即 Barsky（1989）认为的跷跷板效应（See-saw Effect）。

资本市场市场信息繁杂多变，市场环境的变化往往是多种信息的承载体，大多数情况下难以剥离出到底是哪种因素为主因。股市、债市间的溢出效应并不如理论清晰，并且具有明显的时间性和异质性，金融市场发展阶段不同、股市行情不同，溢出效应不尽相同，且具有方向性。不同金融子市场间存在显著的波动溢出，且波动溢出因素主要来源于市场共同信息，因此需要对金融市场内部风险传染引起足够重视。

就股市和债市而言，这两个市场间的溢出效应在很大程度上受金融市场发展阶段的影响，当市场一体化程度高时，股市、债市间的溢出效应显著，这也是发达经济体与新兴经济体溢出效应的差异之一。此外，股市行情也是影响溢出效应的重要因素。虽然股市、债市溢出效应受多个层面因素影响，并且都是通过作用于影响股票、债券的定价因素。一类是具有内生性质的因素，如股市流动性、债市流动性、股市波动率等；另一类是影响资产供求状况的因素，如经济变量中的 PMI、CPI、失业率、工业产业增速，宏观金融变量中的汇率、利率等；还有一类是政策面因素，如财政政策、股市新政、QFII 制度等引起投资者预期发生重大改变的因素。多层次的影响因素也说明股市、债市间的溢出效应相对敏感，外部环境发生变化，得出的结果也有差异。

美国次贷危机引发国际金融经济危机后，金融稳定生成机制的研究则以"系统性风险"为核心。英格兰银行（Bank of England，下文简称 BOE）（2009）提出系统性风险生成机制的分析框架，即分别从空间维度和时间维度分析系统性风险的来源。空间维度风险也称为横截面维度（Cross-sectional Dimension）风险，主要关注特定时点的风险在金融机构之间的分布与相互作用，即由机构的相互关联和共同行为引发的风险，也被称为网络风险（Network Risk）。横截面维度的风险暴露既可以是金融机构在相同或相似资产类别下的直接风险暴露，也可以是金融机构之间由于业务交叉而导致的间接风险暴露。时间维度风险，即随着时间不断积累的失衡而引发的风险，也被称为总体风险（Aggressive Risk），主要反映为金融体系的顺周期效应（Procyclicality），即系统性风险由于金融体系内部及金融体系与实体经济之间相互作用而不断放大的过程。在系统性风险从产生、积累、爆发的过程中，空间维度风险与时间维度风险相互关联、相互影响、相互作用，使得对于系统性风险的生成机制研究比传统的风险分析方法更为复杂。

在这一基本的分析框架下，众多研究从不同角度探讨了系统性风险的成因，综合主要研究，可以梳理出以下几点观点。

首先，金融创新过度是系统性风险提高的重要因素。金融创新可以增强金融体系配置资源的能力与效率，是促进经济增长的重要方式。但是，当金融创新超出金融体系与金融监管的承载力时，无限制的金融创新将加速系统性风险的积累。在国际金融危机中，资产证券化这一最具代表性的金融创新是危机的始作俑者。在中国商业银行系统，以贷款转让为例，商业银行进行贷款转让之后，系统性风险水平有了显著提高，而且四大商业银行的系统性风险水平比其他商业银行的提高更为明显，这是因为虽然贷款转让行为将个体的风险转移，降低了银行个体的风险水平，但是提高了商业银行与市场的相关性，因此提高了系统性风险（周天芸和余洁宜，2012）。

其次，系统性风险的传染主要依靠资产负债关联、信息传播与资产价格关联。系统性风险传染的主要研究都是在网络模型的框架下展开，而对于系统性风险传染的研究主要包含以下三个方面。

一是对于银行间市场系统性风险传染的研究。Dimond & Dybvig（1983）最早讨论了银行挤兑对于单个银行不稳定的原因和机理，虽然解释了单个银行不稳定的原因和机理，但并未涉及少数银行遭受的冲击扩散到更大范围金融危机的传染机制。在此基础之上，Allen & Galle（2000）研究了外生流动性冲击对于银行间市场稳定的影响，其研究结论表明，当银行间网络总体流动性存在不确定性时，贷出方银行由于借入方银行的破产而发生了资本损失，如果这个溢出效应超过自身的资本缓冲，则会发生由借入方银行向贷出方银行的传染，直至系统崩溃，因此，银行间网络的关联程度对于传染可能性影响很大。即便银行间网络总体没有流动性风险，风险也有可能在银行间网络进行传染，这是因为单个银行可以通过搅乱金融系统中每个银行面临的资产市场而造成危机。当某个银行出现流动性危机时，它会试图卖出部分金融资产以摆脱流动性不足的问题，当市场对非流动性资产的需求是非完全弹性时，资产价格就会被压低，导致金融系统中所有银行持有资产价值和潜在流动能力下降，破产的概率增加。更为严重的是，当银行的资产按市场价格计算时，价格的降低会导致更多的银行卖出资产，从而产生恶性循环，进一步导致更低的价格和更多的卖出，因此，一个很小的冲击也可能导致流动性风险在更大范围内的传染。

信息的不确定性也是加剧系统性风险传染的重要渠道。Corsetti et al.（2004）证明存款者之间关于银行资产信息的不确定性能够减少存款者之间的协调要求，从而避免了 Dimond & Dybvig（1983）模型中的多均衡状态，得到了唯一的动态贝叶斯纳什均衡，即在这个唯一的均衡中，借入方银行的倒闭不仅由于银行间市场减少了贷出方银行的资产，而且导致贷出方银行发生挤兑，从而产生传染。如果在 Dimond & Dybvig（1983）和 Allen & Galle（2000）的假定条件中加入一项投机性长期资产，通过银行的道德风险，将会使传染机制内生化。对于系统性风险传染而言，资产价格的变化也非常重要。除资产负债关联引起的违约冲击的传染渠道之外，资本充足要求导致的资产价格变化，由此引发的流动性风险传染渠道会随着联结程度增加，使得系统稳定性先是下降然后上升。更重要的是，流动性水平比资本充足水平能够更有效地防止系统性风险。

二是对于金融市场间网络的风险传染研究，即某个金融市场的崩盘或流动性危机对其他金融市场的影响。这方面的研究相对较少。基于复杂网络理论，部分学者，如 Naylor et al.（2008）构建了基于异质行为者的金融危机传染模型，主要研究了网络整体拓扑结构对于外汇市场传染的影响。

三是对于支付清算网络的风险传染研究。基于复杂网络理论，童牧和何奕（2012）以中国大额支付系统网络为对象，模拟构建了系统性风险演化模型，讨论了不同场景、不同流动性救助水平下的救助策略。Docherty & Wang（2010）评估了实时全额支付系统对澳大利亚支付系统的系统性风险的影响。

再次，政府的投资冲动以及政府面临的软约束是系统性风险积累的加速器。在有地方政府、国有企业、银行三类主体的均衡模型中，以地方政府主导型投融资的体制，地方政府面临着软预算约束，其带来的激励效应使得地方政府、企业与银行三方共谋贷款扩展，导致银行系统性风险迅速集聚（江曙霞等，2006）。当均衡模型中的三类主体扩展到由企业、银行、地方政府和中央政府四方组成的博弈模型，以 GDP 等数量指标为导向的政绩考核制度、中央政府与地方政府之间的严重信息不对称，推动地方政府频繁出现过热的投资行为，放大银行体系的系统性风险（于润和孙武军，2007）。

2.4　金融稳定的计量方法研究

2007—2008 年国际金融危机爆发前，监管机构与学术界主要使用指标法计量金融稳定，国际金融危机的爆发进一步突显了系统性风险的计量重要，因此，危机后，大量研究讨论了系统性风险的计量。总体上看，已有研究主要使用以下方法计量金融稳定或系统性风险。

2.4.1　指　标　法

指标法以金融压力指数为代表，其主要利用宏观金融经济数据，因而主要被用于考察宏观金融体系的系统性风险。

例如，Illing & Liu（2003）使用金融压力指数测度了加拿大的系统性风险，用其他金融风险指标作为系统性风险的预警指标，通过检验预警指标对金融压力指数的影响程度，构建了金融体系的系统性风险预警指标阵列。赖娟和吕江林（2010）以中国金融体系为研究对象，使用系统性风险的同步指标构建金融压力指数，通过检验金融压力指数自身的滞后项和具有先导性的经济、金融指标对于金融压力指数的影响，构建金融压力指数预测模型。在应用上，将系统性风险压力指数纳入了影子银行体系的风险压力，以估计银行体系的风险状况（林琳和曹勇，2013）。度量系统性风险指标并不单一，而是多维度的，包括宏观经济风险、货币流动性风险、信贷扩张风险、资产泡沫风险与金融杠杆风险等指标。总体而言，指标法的优点在于操作简单，但其缺点在于数据频率较低、存在数据延迟与信息滞后等方面。

一些研究也使用微观财务指标考察金融机构的系统性风险暴露。例如，Sundararajan et al.（2002）构建的系统性风险指标体系就包含了核心指标层和推荐指标层两个层面。在此基础之上，IMF（2009）考察了资本充足率、资产质量、杠杆率、流动性、盈利能力和股票市场表现等六方面指标的系统性风险预测能力。综合考虑宏观、微观因素，采用指标法来考察金融体系的系统性风险，在以往的研究和实践中得到了广泛运用。

2.4.2 网络模型

网络模型被广泛用于银行间市场、复杂支付网络等领域的系统性风险计量。通过构建和模拟金融市场的网络模型，可评估由于流动性紧缩或信用违约等系统性事件引发的连带外部效应。

网络模型的优点在于：从关联性视角看，网络模型使监管者可以跟踪直接金融关联导致的外溢效应。对于银行间市场而言，网络模型是基于银行间的资产负债表相互敞口的数据研究系统性风险的主流方法，通过银行间相互敞口和交易数据构建网络模型，并根据银行间市场网络结构模拟风险传染，测算系统性风险积累是网络模型的典型使用场景。与此同时，其他各类方法均潜在地将金融系统冲击假设为外生变量，而网络模型则可以有效解决外生性的问题。Tarashev & Drehmann（2011）对于 20 个全球银行间市场的研究表明，银行在考虑相互关联时比不考虑相互关联时的系统性风险贡献度要大。

与金融压力指数方法类似，数据频率较低是网络模型的主要缺陷。与指标法、网络模型不同，下文的几类系统性风险测度方法则较多使用资本市场的高频数据，从而使结论更具有前瞻性。

2.4.3　状态要求权分析法

Merton（1974）在研究期权定价理论时，开创性地提出了状态要求权分析（Contingent Claims Analysis，下文简称 CCA），这一方法主要应用在微观企业的违约风险计量方面，可见 Crosbie & Bohn（2003）的研究。

而后，CCA 方法也被应用于宏观的系统性风险，综合资产负债表与市场数据，Gray et al.（2007）构建了反映市场信息的状态要求权资产负债表，其中，债务和权益的偿还的优先权不同，资产价值服从随机过程，并假设导致违约风险由未来资产市场价值变化的不确定性决定，当债务到期时，如果资产价值低于债务价值，则违约事件发生。也就是说，CCA 方法假定股权机制是一个以资产为标的、以债务水平为执行价格的隐含欧式看涨期权，风险债务的市场价值是以资产为标的的隐含看跌期权，权益所有者在没有发生违约的情况下获得企业的剩余索取权。当资产价值下降而接近于违约障碍时，看涨期权的市场价值也随即降低。资产的市场价值和违约障碍之间的标准化距离就是违约距离（Distance-to-Default，下文简称 DD），可用 DD 来计算资产的市场价值偏离违约障碍的标准差数量。

对金融体系而言，其系统性风险一般通过所有金融机构 DD 的算术平均（Average Distance-to-Default，下文简称 ADD）、资产加权平均（Asset-weighted Distance-to-Default，下文简称 WDD）或分位数 DD 来测度。ADD 假定银行体系的资产完全相关，没有考虑银行的异质性与风险的相依性，ADD 指标存在一定的偏误。与此同时，WDD、分位数 DD 指标在一定程度上考虑了银行的规模差异，但不能刻画银行间的相依性问题。一些研究将银行体系看成一个"大银行"，即由银行组成一个投资组合，并基于银行间资产的协方差矩阵以及股票收益波动率计算资产组合违约距离（Portfolio Distance-to-Default，下文简称 PDD）。PDD 不仅包含了银行的规模因素和银行间风险的相互依赖性，也能确定联合违约概率下界。

总体上，CCA 方法很适合用来捕捉"非线性"风险积累过程，并能较好的量化机构资产负债不匹配的影响。经风险调整后的 CCA 财务报表，有利于通过经济模拟和压力测试方法来评估政策的潜在冲击，克服了单纯基于财务报表数据衡量方法的及时性不足问题，对系统性风险的衡量具有较强的前瞻性。

2.4.4　在险价值方法

在险价值（Value at Risk，下文简称 VaR）方法是金融机构风险管理的主要工具。在 VaR 方法的基础之上，Adrian & Brunnerier（2010）提出了 CoVaR 方法测算系统性风险，测度单个金融机构陷入困境对于其他金融机构尾部风险的影响，其优势在于既可以用于分析不同国家和国际银行系统的截尾相互依存性，也可以用于估计国内银行体系的系统性风险。周天芸等（2012）使用 CoVaR 方法分析了香港银行体系的系统性风险，并探讨了影响香港银行体系脆弱性的外生性因素和内生性因素。

Shapley 值方法假定单个机构对系统性风险的平均边际值为每个金融机构分配的系统性风险，系统性风险为金融机构的系统性风险边际贡献的加总。综合金融机构的规模、违约概率以及相对共同风险因子的暴露程度，使用 Shapley 值方法可将系统性风险分配至每个金融机构，从而确定其系统重要性（Tarashev et al.，2010）。在使用 Shapley 值方法分析中国金融机构的系统重要性时，贾彦东（2011）将金融机构对金融体系的影响分为直接影响和间接影响两部分，并分别使用"冲击测试"和"Shapley值"测度直接影响和间接影响所造成的损失。

作为 VaR 方法的补充，ES（Expected Shortfall）方法可以提供尾部损失的整体严重性信息，不过容易受到噪音的影响。Acharya et al.（2010）提出的 MES（Marginal Expected Shortfall）方法是对 ES 方法的改进。通过测度整个市场显著下降时金融机构的期望损失，考察单一金融机构对系统性风险的"贡献度"，MES 值越高，金融机构对系统性风险的贡献度越大。范小云等（2011）、郭卫东（2013）使用 MES 测度了中国上市商业银行对于金融体系整体性系统性风险的影响。

比较 CoVaR、Shapley 值法、MES，可以发现这三种方法的差异在于以下两个方面。一方面，虽然 CoVaR 方法与 MES 方法可以测度单一金融机构的金融困境对于其他金融机构与金融体系的溢出效应，识别金融机构的系统重要性，但是，由于金融网络之间表现出高度的关联性，CoVaR 方法与 MES 方法无法准确识别复杂金融网络的系统性风险，且不能通过加总获得系统性风险的整体状况。相比之下，Shapley 值方法则是对整体系统性风险进行分解。另一方面，CoVaR 方法、Shapley 值方法与 MES 方法均以资本市场高频数据为基础；在计算方法上，这三种方法均以 VaR 方法与期望损失为基础，其中，CoVaR 方法以 VaR 方法为依托，MES 方法以 ES 方法为基础，而 ES 方法要依靠 VaR 方法，所以也是以 VaR 方法为基础的。

2.4.5　基于金融机构间的违约相关性或一致性方法

系统性风险的重要表现就是财务困境在金融机构之间的相互传播，因此，当系统性风险爆发时，金融机构间将存在强烈的相关性或一致传染性。

静态线性相关系数分析未考虑到金融机构之间随着时间推移而相互依存的情况，特别是在资产价格不确定性显著增强和金融市场流动性较差时。Hesse et al.（2009）使用多元 GARCH 模型估计发达经济体市场的金融危机对新兴金融市场的溢出效应，研究表明市场危机对新兴金融市场有很强的溢出效应。理论上来说，在危机期间，市场流动性不足，价格变化少，价格波动性不高，实际中资产价格在危机期间有着更高的波动性。可能的解释在于，流动性缺失导致风险的概率分布呈现为有偏状态，因而基于线性相关系数的风险偏度分析存在偏误。

金融机构间的一致性也反映为较高的联合违约概率。基于这一考虑，出现了多种改进方法和研究工具。Goodhart & Segoviano（2009）提出使用金融系统多变量密度函数（Financial System Multivariate Density，下文简称 FSMD）来估计各个投资组合水平上金融机构之间的 CDS 违约概率的联合分布密度，能更加精确地估算金融机构间的联合违约概率。Huang et al.（2009）用银行发行的债务工具组成的投资组合，用未来 12 个星期内不受财务困境损失影响的保险费用的理论值来测度银行业系统性风险，通过信用违约互换（Credit Default Swap，下文简称 CDS）和股市数据，提取 CDS 和单个银行的股价日交易信息，计算了陷入金融紊乱的金融机构的保险费用。这类研究的优点是不需要会计信息，而且使用高频数据具有较好的时效性，缺陷在于必须基于市场有效的这个前提，而且要求大量的高频数据，对于金融市场不发达的国家，其适应性有限。

2.5　金融稳定的监管研究

美国次贷危机引发国际金融经济危机前，金融稳定监管主要奉行微观审慎的监管思想与"太大而不能倒"的危机救助理念，即通过避免大型金融机构的倒闭来遏制风险的大范围扩散。但是国际金融危机的经验表明，系统性危机的源头与载体不再局限于传统的"太大而不能倒"机构，那些网络关联性强、业务复杂性高、影响涉及面广的金融机构，同样可能将其内部的风险通过各种渠道传染到其他机构，进而危及整个金融与经济体系的稳定与安全。针对危机中暴露出的监管缺位问题，学术界普遍提出加强金融稳定监管，宏观审慎监管也因而成为学术界和国际金融组织的共识之一。

作为防范系统性风险的制度安排，宏观审慎监管与巴塞尔协议的作用毋庸置疑。宏观审慎框架是一个动态发展的框架，主要目标是维护金融稳定、防范系统性风险，内容包括对银行的资本要求、流动性要求、杠杆率要求、拨备规则、对系统重要性机构的特别要求、会计标准、衍生产品交易的集中清算等（周小川，2011）。

宏观审慎监管最早于20世纪70年代提出，但直到2008年金融危机后才引起足够重视。Crockett（2000）首先提出宏观审慎应该关注的两个层面：一是为应对风险随时间推移而不断演变（时间维度）建立的逆周期资本缓冲机制；二是为应对风险在金融体系内传染（横截面维度）建立的系统重要性机构的监管。此后，Borio（2003）在Crockett（2000）的基础上详细区分了宏观审慎监管和微观审慎监管，并认为宏观审慎监管应更多关注宏观经济层面，并重点论述了与宏观经济相关的金融体系薄弱环节的监管。

金融危机后，宏观审慎监管的重要性得到了学术界前所未有的关注，强化金融体系的宏观审慎监管也成为政策制定者的共识。陈雨露、马勇（2013）认为为了更好地实施宏观审慎监管，应从经济主体行为和市场动态过程的角度构造"金融失衡指数"，并认为该指数能够有效地反应中国经济周期中的金融失衡现象。王达、项卫星（2013）对美国提出的为全球金融市场构建LEI（Legal Entity Identifier）系统的方案提出了自己的看法，并认为中国应积极参与到该系统的构建中，从而在国际金融监管改革进程中发挥更大的作用。李新、周琳杰（2011）从中央对手方机制对防范系统性风险提出了自己的意见，他们认为应该重视完善对手方机制的法律基础与风险管理制度。周浩（2011）总结了英美欧各国金融监管体系的变革，认为中国货币政策制定机构（中央银行）应当被赋予宏观审慎监管权，并建立以中央银行为主的宏观审慎框架。除此之外，还有学者从行为金融、宏观审慎框架设计、系统重要性机构、系统性风险成因、以及数据指标等角度对宏观审慎监管进行了研究。

除此之外，对宏观审慎监管的研究在监管目标、监管主体、监管工具上也多有讨论，表 2-1 梳理了宏观审慎监管在上述三方面的部分观点。

表 2-1　宏观审慎监管研究的部分观点

	观点	学者或机构
监管目标	金融中介服务的稳定供给	苏格兰银行（2009）
	避免泡沫的产生、降低资产泡沫带来的社会成本	Landau（2009）、Neuberger & Rissi（2012）、成家军 (2009)
	防范系统性危机的爆发、降低系统性风险	Borio & Drehmann（2009）、Caruana（2010）、李新和周琳杰（2011）、中国人民银行（2010）
监管主体	以中央银行为中心的监管框架	Blanchard et al.（2010）、李妍（2009）、夏洪涛（2009）、尹久（2010）、周浩（2011）
	建议成立统一的金融监管机构	曹凤岐（2009）、夏斌（2010）
监管工具	逆周期监管政策	Brunnermeier et al.（2009）、BIS(2009)、Shin（2010）、李文泓（2009）、周小川（2011）
	加强系统重要性机构的监管政策	金荦和陶玲（2009）、黄亭亭（2010）

在操作层面上，银行体系的宏观审慎监管研究最为详尽和全面。作为全球银行体系监管理论与实践的结晶，《巴塞尔协议》是一套完整的国际通用银行资本监管标准。目前，国际普遍推行与应用的是《巴塞尔协议Ⅲ》，《巴塞尔协议Ⅲ》意在强化银行部门的风险资本监督与风险管理，致力于解决全球范围内金融机构间风险扩散的问题。尽管巴塞尔委员会对《巴塞尔协议》不断进行更新和完善，《巴塞尔协议Ⅲ》仍然存在一些问题，包括：第一，未能解决目前数量庞大的影子银行引起的系统风险问题；第二，并未在国家层面建立起监管机构与银行系统间的有效联系；第三，对于监管套利问题，也未能提出有效解决方案；第四，作为中央对手方的清算机构未得到应有的重视；第五，可能会助长监管套利；第六，风险加权的杠杆比率和系统性风险的定价都需要进一步改进。

尽管宏观审慎监管概念早已有之，监管体系也在不断健全，但是在实践中运用仍不足。针对危机后提出的逆周期缓冲机制和对系统性重要机构监管的政策工具是否切实有效，还需要在更长远的实践中去检验。

2.6 文献述评

通过梳理相关文献，本书从已有研究中提炼一些可借鉴之处，也总结了现有研究中的不足，具体如下：

（1）金融稳定的研究对象仍以银行体系为主，缺乏对资本市场系统稳定性的研究。

实际上，伴随金融自由化进程的加速，国内外金融体系发生了巨大变革，最显著的特点是从以银行类金融机构为主导，发展到以资本市场为核心。以资本市场为核心，金融资产的证券化、金融工具的复杂化、金融业务的多元化、金融信息的全球化极大地改变了风险溢出与传染的渠道。在这一趋势下，资本市场已经成为影响金融稳定的关键要素，资本市场的系统稳定性也成为影响宏观金融稳定的核心因素。

（2）资本市场价格波动与风险溢出的研究不能有效刻画资本市场的系统稳定性。

区别于一般意义上的资本市场价格波动与风险溢出，资本市场系统稳定性具有更为突出的系统性特征，其主要反映在以下几个方面：一是全局性，即资本市场中所有资产均出现异常价格波动；二是极强的传染性，即起源于单一资产的风险能够迅速传染至整个市场；三是突出的非理性，价格的调整是非理性的，稳定性概念更加注重非理性波动。目前关于风险溢出的研究，主要使用资产价格或波动的相关性来描述资本市场稳定的系统性特征，在这一方法下，可讨论的资产数量非常有限，不能满足全局性的要求，也无法区分价格的理性与非理性调整。

（3）需要从更多维度去评估与监测资本市场系统稳定性。

资本市场层次丰富，复杂网络结构、投资交易行为、子市场间的传染等都是市场稳定性的影响因素。虽然资本市场稳定与金融稳定内涵并不一致，但是在对资本市场系统稳定性的评估与监测上可以有所借鉴。首先，必须从多维度来评估资本市场，尤其是股票市场的系统稳定性；其次，资本市场系统稳定性不仅仅是市场、行业与个股间的相互关系体现，也是市场参与者的综合关系，因此，对羊群行为的监测和对证券公司的评估也是评估资本市场系统稳定性的重要过程；最后，在方法上，考虑到资本市场的网络结构，借鉴生态系统理论的研究方法对资本市场系统稳定性进行监测和预警，是值得探索的领域之一。

第3章　网络结构特征视角下资本市场系统稳定性的评估与监测：以股票市场为例

2008 年国际金融危机后，网络结构模型被大量用于模拟与评估银行间市场系统性危机的生成机制。网络模型的优点在于：从关联性视角看，网络模型使监管者可以跟踪直接金融关联导致的外溢效应；与此同时，其他评估方法潜在地将金融系统冲击假设为外生变量，网络模型则可以解决由此产生的外生性问题。因此，国际金融危机之后，网络结构模型自然而然地在模拟与评估银行体系的系统稳定性研究中得到广泛运用。

与银行间市场类似，股票市场本质上也是一个复杂网络。不同的是，银行间市场网络由参与银行间市场的各类金融机构以及金融机构之间的债务联系构成，而股票市场网络则由大量股票以及股票间的价格波动关联构成。已有研究表明，网络结构特征是银行间市场系统性风险监测的有利工具（Allen & Babus，2008）。借鉴网络结构模型在银行间市场风险监测中的成功经验，本章将通过分析中国股票市场网络结构特征，考察中国股票市场的系统稳定性。更进一步来说，个股与行业是研究系统稳定性的两个重要维度，为了更全面地考察中国股票市场乃至资本市场的系统稳定性，本章也将从个股与行业两个维度，构建格兰杰因果网络模型，对股票市场系统稳定性展开分析。

3.1 复杂网络模型与格兰杰因果网络模型的概念与方法

3.1.1 复杂网络模型的基本概念

在使用复杂网络模型进行分析前，首先介绍复杂网络中的一些基本概念和要素。在复杂网络模型研究中，度（degree）是单独节点的属性中简单而又重要的概念。节点 i 的度 k_i 定义为与该节点连接的其他节点的数目。在有向网络中，一个节点的度分为出度（out–degree）和入度（in–degree）。节点的出度是指从该节点指向其他节点的边的数目，节点的入度是指从其他节点指向该节点的边的数目。直观上看，一个节点的度越大说明这个节点在某种意义上越重要。网络中所有节点 i 的度 k_i 平均值称为网络的平均度，网络中节点的度的分布情况可以用分布函数 $P(k)$ 来描述。$P(k)$ 表示的是一个随机选定节点的度恰好有 k 的概率。完全规则的网络有着简单的度序列：因为所有的节点具有相同的度，所以其度分布为 Delta 分布，任何随机化倾向都将使得度分布向 Poisson 分布靠拢，一个完全随机的网络分布近似为一个 Poisson 分布，其形状在远离峰值处呈指数下降，这意味着当 k 大于平均度时，度为 k 的点几乎不存在，因此这类网络也称为均匀网络。

现实世界中许多网络尽管各不相同，但研究表明许多复杂的网络都有一些共同的特性，其中最重要的两类特性就是无标度特性和小世界特性。无标度特性是指网络节点的度满足幂律分布，即绝大多数的节点的度非常小，而极少数的点有着比较大的度；小世界网络是指可以通过一条较短的路径将网络中大多数的节点相连，这也意味着信息、资源等要素可以在节点中快速传递。

最近的国际金融经济危机后，众多研究和应用提出将现代金融系统理解为一个复杂系统的需求，尤其在传统的理性经济人和有效市场假说失效的危机时期，将整个金融系统视为一个复杂网络是开展进一步研究的新视角。事实上，随着经济全球化、金融全球化的深入，各国经济金融之间的联系已经变得十分紧密。不论是由各个国家经济体所构成的全球经济系统，还是各个国家内部，甚至某一地区或部门内众多个体所构成的经济体系，都有着错综复杂的关联，最终构成规模不一的复杂经济系统。正如英国著名物理学家霍金所言，"21 世纪将是复杂性的世纪"。

运用复杂网络模型来分析股票市场中的复杂关系，主要是从股票交易的真实数据，如股票的收盘价、收益率或交易量出发，将每个股票视为一个结点（node），股票与股票之间的相关关系视为连接（link）或边（edge），相关系数是连边的权重，则股票市场中的所有股票及其相关关系构成一个股票网络，再通过剖析股票网络的结构和属性来进一步明确股票之间的相互关系和股票市场的属性特征。由于股票市场中的股票数量往往非常巨大，构建股票网络时还需要使用过滤技术来削减网络中节点和边的数量，常用的方法有最小生成树（Minimal Spanning Tree，下文简称 MST）（Mantegna，1999）、平面图（planar graphs）（Tumminello et al.，2005）、资产树（assets trees）（Onnela，2003）和"赢者通吃"法（winner–take–all approach）（Tse et al.，2010；Liu et al.，2011）等方法。

阈值（threshold）是非常重要的一个指标，会影响股票网络的拓扑性质。Lee et al.（2007）建立韩国证券市场的股票相关性的复杂网络，并通过相关系数提出了阈值的概念，当阈值介于 0.4 和 0.6 之间时，韩国的股票网络具有无标度性。吴翎燕、韩华和宋宁宁（2013）搜集了 884 只在上海证券交易所上市的股票数据，在阈值 0.5 的股票网络基础上，发现阈值为 0.657 时，股票网络的拓扑性质最稳定。

在本书的研究中，将首先进行格兰杰因果网络模型的实证研究，当 $C_{ij}=1$ 时，视为股票 i 与股票 j 之间有一条边，对股票 i 来说，该条边是出度，而对股票 j 来说，该条边为入度。本章从个股与行业的角度分别对市场网络结构进行分析，通过测算 A 股市场股票两两之间的格兰杰因果关系，得到中国 A 股市场股票之间的网络关系，并在度计算结果的基础上对中国 A 股市场的无标度特性和小世界特性进行检验，进而分析中国 A 股市场的网络特性。

3.1.2 格兰杰因果网络模型

在采用复杂网络模型方法进行研究时，主要检测中国 A 股市场的无标度特性，即极少的节点有着大量的连接数，而多数节点的连接数相对较少。具体来说，节点的度（degree）的概率满足幂率分布 $P(k) \sim k^{(-\alpha)}$（其中，k 为节点的度）。为了计算各个节点的度，本章首先采用 Billio et al.（2010）中的格兰杰因果网络模型对中国 A 股市场各股票之间的格兰杰因果关系进行检验。

一般来说，基于时间序列 j 的过去值所包含的信息，如果时间序列 i 所包含的信息能够帮助预测序列 j，我们就认为时间序列 i 是时间序列 j 的格兰杰原因。具体来说，对于两变量 Y 和 X，传统的格兰杰因果关系检验要求估计以下两个回归方程：

$$Y_t = \sum_{i=1}^{m} \alpha_i X_{t-i} + \sum_{i=1}^{m} \beta_i Y_{t-i} + \mu_{1,t} \qquad (3.1)$$

$$X_t = \sum_{i=1}^{m} \lambda_i Y_{t-i} + \sum_{i=1}^{m} \beta_i X_{t-i} + \mu_{2,t} \qquad (3.2)$$

以式（3.1）为例，为检验 X 滞后项系数是否整体为零，计算 F 统计量：

$$F = \frac{(RSS_R - RSS_U)/m}{RSS_U(n-k)} \qquad (3.3)$$

其中 RSS_R 为包含 X 滞后项回归的残差平方和，RSS_U 为不包含 X 滞后项回归的残差平方和，m 为 X 的滞后项个数，n 为样本容量，k 为待估参数的个数。若计算出的 F 值大于给定显著性水平 α 下 F 分布的相应临界值 $F_\alpha(m, n-k)$，则拒绝原假设，认为 X 是 Y 的格兰杰原因。

对于短期的资产价格变动来说，在完全信息有效的假设条件下，格兰杰因果关系检验并不能检测出任何的因果关系；而在存在市场摩擦的条件下，格兰杰因果检验是可以对金融资产的价格变动进行检验的（Billio et al., 2010）。资产回报间的格兰杰因果关系数量可以看作资产回报溢出效应的代理变量，当这种溢出效应增大时，随着金融机构间的关联与一体化程度上升，发生系统风险事件的严重程度也会随之上升。因此，格兰杰因果网络模型通过统计 A 股股票回报率之间的格兰杰因果关系数量来度量股票 i 与股票 j 之间的连接关系。

由于格兰杰因果网络模型主要关注个体金融机构资产之间的动态传播效应，根据 Billio et al.（2010），在使用传统的线性格兰杰因果检验之前，应首先采用 GARCH（1,1）模型消除资产回报率之间的自相关性。

构造 GARCH（1,1）模型如下：

$$R_t^i = \mu_i + \sigma_{i,t}\varepsilon_t^i, \varepsilon_t^i \propto WN(0,1) \qquad (3.4)$$

$$\sigma_{i,t}^2 = \omega_i + \alpha_i(R_{t-1}^i - \mu_i)^2 + \beta_i \sigma_{i,t-1}^2 \qquad (3.5)$$

在消除各资产收益率序列的异方差性之后，使用模型后得到的新变量 $\widetilde{R}_t^i = R_t^i / \hat{\sigma}_{i,t}$，其中 $\hat{\sigma}_{i,t}$ 估计自 GARCH（1,1）模型）进行格兰杰因果检验，进而可以对金融机构间的格兰杰因果网络关系进行统计。

$$令 C_{ij} = \begin{cases} 1 & 当 i 是 j 的格兰杰原因时 \\ 0 & 其他 \end{cases} ，且 C_{ij} \equiv 0 \qquad （3.6）$$

$$C_i = \sum_{i \neq j} C_{ij} \qquad （3.7）$$

$$S_i = \frac{1}{N-1} C_i \qquad （3.8）$$

当 $i=j$ 时，$C_{ij}=0$，那么，股票 i 的格兰杰系数节点就为 C_i，其在网络系统中的重要程度可用 S_i 来衡量。

通过统计 C_{ij} 和 C_i 我们就可以得到 A 股市场内部的网络情况，S_i 衡量股票 i 在网络系统中的重要程度。S_i 越大，表明股票 i 在出现股价波动时可能会导致更多地其他股票发生连锁反应。

同时，本章定义系统格兰杰因果关联度（Degree of Granger Correlation，下文简称 DGC）为系统内统计显著的格兰杰因果关系数量占所有可能出现的格兰杰因果关系数量的比例，计算方法为：

$$DGC = \frac{1}{N(N-1)} \sum_{i=1}^{N} \sum_{i \neq j} C_{ij} \qquad （3.9）$$

其中，N 为样本中股票的数量。DGC 反映了整个 A 股市场的内在联系程度，当 DGC 较大时，表明系统内部统计显著的格兰杰因果关系数量多，股票市场内部联系的紧密程度高。

3.2　中国股票市场系统稳定性的评估：基于个股的分析

3.2.1　实证研究准备

本章采用 A 股上市公司的日收盘价（前复权）的涨跌幅作为股票收益率数据，对各只股票之间两两的格兰杰因果关系进行检验，并在此基础上计算各个股票的度，最后检测 A 股市场的无标度网络特性。上市公司样本数量为 2 517 只，样本区间从 2014 年 8 月 1 日至 2016 年 8 月 1 日，数据来源为 Wind 金融终端。

对中国 A 股上市公司日收盘价两两之间的格兰杰因果关系进行检验后，得到中国 A 股市场的系统格兰杰因果关联度（DGC）约为 0.035。当所有的股票之间都具有格兰杰因果关系，DGC 等于 1，DGC 为 0.035 说明中国 A 股市场个股之间的关联程度不高，不存在非常紧密的相互关联关系。

为了比较不同市场间的差异，我们把样本分为上证主板、深圳主板、中小板、创业板、ST 板块，研究发现，对整个市场影响较大的主要是上证主板市场、深证主板市场以及市场中的 ST 板块，尤其是 ST 板块，其整体 S_i 值较沪深主板市场都要高，说明中国 A 股市场的 ST 板块有特殊性，其股票回报率对市场有相对大的影响；上海与深圳主板市场的 S_i 值都较大，说明主板市场股票价格的波动对整个市场的影响较大；而创业板、中小板市场的 S_i 相对较小，意味着它们当中股票的波动对整个市场的影响更小。

运用格兰杰因果网络模型分析之后，将使用股票收益率两两之间的格兰杰因果关系，构建中国 A 股市场的股票网络，并采用复杂网络模型对其稳定性进行评估。（见表 3-1）

表 3-1　股票市场格兰杰因果数量 C_i 的统计性描述

C_i	全体	上证主板	深证主板	中小板	创业板	ST 板块
样本数	2 517	948	440	711	381	37
均值	88.92332	103.6023	105.0455	78.1519	52.08399	107.4324
中值	51	75	59	37	27	40
最大值	802	564	802	539	448	646
最小值	0	0	0	0	0	0
标准差	100.9972	96.19125	123.7438	96.8662	67.34126	154.8852
偏度	1.945338	1.403497	2.082179	1.905365	2.463482	2.094845
峰度	7.883938	5.070393	8.604251	6.51003	10.35098	6.560437
样本数	2 517	948	440	711	381	37

在复杂网络模型研究中，常常对网络进行无标度、小世界网络等性质的检验。如果该复杂网络具有无标度网络结构特征，说明整个网络"稳定且脆弱"的。在随机冲击面前能保持较好的系统稳定性，不会受到严重影响，但在面对网络连接较多的节点的特定攻击时，整个网络表现出极脆弱的特性，该复杂系统会面临较大风险。

如果该复杂网络具有小世界网络的特征时，说明尽管网络内节点数量较多，但任意两个节点之间连接的路径较短，信息传递速度较快，特定事件的影响会在较短时间内传递至其他相关节点，会对整个市场的稳定性造成影响。

上市分析认为，使用格兰杰因果网络模型以及复杂网络模型能较好地评估以 A 股为代表的中国资本市场的系统稳定性。

3.2.2　中国股票市场个股网络结构的无标度特性检验

随机网络结构与 WS 小世界模型的一个共同特点就是网络的连接度分布近似于泊松分布，这意味着大于平均度的节点十分少，甚至几乎不存在，因而这类网络也成为均匀网络或指数网络。对复杂网络的实证研究表明，现实中的许多网络（包括 Internet 网络、新陈代谢网络）的连接度分布具有幂律特性，同时网络节点的连接度没有明显的特征长度，因此这类网络被称作无标度网络（汪小帆，2006）。

网络结构无标度特性多通过对其幂律性质的检验得来。如果度分布为幂律分布，即 $P_k \propto k^{(-\gamma)}$，那么累计度分布函数符合幂律指数为 $\gamma-1$ 的幂律：

$$P_k \propto \sum_{k'=k}^{\infty} (k')^{-\gamma} \propto k^{-(\gamma-1)} \qquad (3.10)$$

从式（3.10）可以发现，如果度符合幂律分布，则在双对数坐标系下，累计度分布曲线是一条直线。对中国 A 股市场的实证研究发现，中国 A 股市场并不具备典型的无标度特性。如图 3-1 所示，中国 A 股市场网络的累计度分布在双对数曲线下并不能拟合成一条直线，通过极大似然法对幂律指数进行估计，可得到 $\alpha=3.5$，即 $P(k) \sim k^{(-3.5)}$，并不具有 [2,3] 的适当幂指数。因此，相对无标度网络来说，中国 A 股市场的市场结构相对均匀。

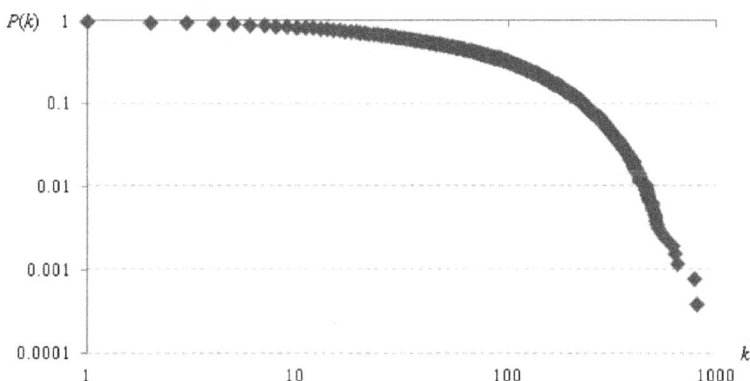

图 3-1　个股网络累计度分布的双对数曲线

本章首先进行 A 股上市公司之间的格兰杰因果网络模型检验。中度数值排名前 500 的上市公司中，来自沪深 300 的上市公司有 42 只，来自中证 500 的股票数有 83 只，这表明中国 A 股市场中与其他公司股票价格关系最密切的股票不仅仅是大市值股票，中小市值股票也能对 A 股市场其他股票造成较大影响。

3.2.3　个股网络的小世界特性检验

现实世界中，有许多网络都呈现出小世界网络特性，看似庞大的网络系统中任意两点间的连接数经常会比较小，同时与一个节点连接的其他节点之间也可能是相互连接的。以人际关系网络来举例，两个完全不认识的人要相互认识，可能通过较少的中间人就可以。研究中，通常将同时具有较短的平均路径长度和较高的聚类系数的网络称为小世界网络。

从数学角度看，网络中两个节点 i 和 j 之间的距离 d_{ij} 定义为连接这两个节点的最短路径上的边数，网络中任意两个节点之间的距离的最大值称为网络的直径，记为 D，即

$$D = \max_{i,j} d_{ij} \tag{3.11}$$

网络的平均长度 L 定义为任意两个节点之间的距离的平均值，即

$$L = \frac{1}{N(N+1)/2} \sum_{i \geq j} d_{i,j} \tag{3.12}$$

其中 N 为网络节点数。网络的平均路径长度也就是网络的特征路径长度。

对聚类系数来说，假设网络中的一个节点 i 有 k_i 条边将它和其他节点相连，这 k_i 个节点就成为节点 i 的邻居。显然，在这 k_i 个节点之间最多可能有 $k_i(k_i-1)/2$ 个节点之间实际存在的边数 Ei 和总的可能的边数 $k_i(k_i-1)/2$ 之比就定义为节点 i 的聚类系数 C_i，即

$$C_i = \frac{2E_i}{k_i(k_i - 1)} \tag{3.13}$$

在对 A 股市场的无标度性质进行检验后，本章将对另一典型网络结构 —— 小世界网络进行检验。在典型的 WS 小世界网络结构中，网络的平均路径长度较短，但有较高的聚类特性，表明两个节点之间的平均距离较短且整个网络耦合成度较高。从表 3-2 中可以发现，中国 A 股市场平均路径长度较短，平均两个节点之间的距离小

于 2，且聚类系数较小，说明网络结构较为疏松，并不具备典型的 WS 小世界网络结构。

表 3-2　中国 A 股市场网络的各指标值

指标	值
平均度	181.57
网络直径	7
网络密度	0.037
平均路径长度	1.975
平均聚类系数	0.185

对中国 A 股市场网络节点的度数据进行模拟，得到中国 A 股市场的网络结构图，见图 3-2。

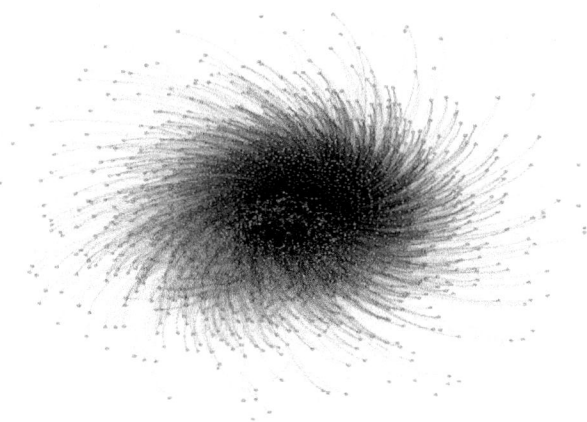

图 3-2　中国 A 股市场的网络结构模拟图

在图中，每个小点表示一只股票，每一条边表示连接两点之间格兰杰因果关系，小点颜色的深浅则表示该点度的大小，对于度较大的点，颜色较深，度较小的点，颜色较浅；由于本研究对所有的边赋予了同等权重，因此图中的线颜色是相同的。从图 3-2 中可以发现，对于大多数点来说，度的大小相差不大，而只有极少数的点有着极大的度。当这些点代表的股票出现大幅波动时，会对较多的股票造成影响，而对于大多数股票来说，个股的波动影响十分有限。

3.3 中国股票市场系统稳定性的评估：基于行业的分析

3.3.1 实证研究准备

上节从个股角度对中国 A 股市场系统稳定性进行评估，探讨的是个股的大幅波动对整个 A 股市场的影响。为进一步探讨行业波动对中国 A 股市场的影响，本节将从行业的视角对 A 股市场的网络结构进行分析。继续延用上节的研究方法，即先对行业指数进行格兰杰因果网络关系分析，而后分析行业指数的网络结构特征。

本节采用 A 股上市公司 29 个（中信）行业指数收盘价的涨跌幅作为行业指数的收益率，样本区间从 2014 年 8 月 1 日至 2016 年 8 月 1 日，数据来自 Wind 金融终端。（见表 3-3）

表 3-3　中国 A 股市场（中信）行业指数收益率的描述性统计

	传媒	餐饮旅游	电力公用	电力设备	电子元器件
均值	0.114533	0.190651	0.118503	0.149586	0.14378
中位数	0.243797	0.364622	0.31118	0.461889	0.442062
最大值	9.926034	10.00664	9.961185	10.00774	9.69246
最小值	−9.91394	−9.87804	−9.90382	−9.99073	−9.89343
标准差	3.271036	2.913469	2.789982	3.070721	3.002932
偏度	−0.47533	−0.49704	−0.67144	−0.65751	−0.60971
峰度	4.129074	5.220401	5.859073	5.084571	4.86332
样本数量	489	489	489	489	489
	房地产	非银金融	纺织服装	国防军工	钢铁
均值	0.152092	0.127606	0.189413	0.143757	0.073715
中位数	0.248667	0.012465	0.509021	0.542034	0.317262
最大值	9.859805	9.426771	9.995543	10.00229	9.974457
最小值	−9.49376	−9.90464	−9.88809	−9.99289	−9.81102
标准差	2.750092	2.951817	2.96342	3.597764	2.985238
偏度	−0.63569	−0.03772	−0.71516	−0.3748	−0.67946
峰度	5.018523	4.937259	5.337711	4.325475	4.891564
样本数量	489	489	489	489	489

续表

	建材	基础化工	家电	计算机	交通运输
均值	0.132344	0.165144	0.140773	0.207956	0.141607
中位数	0.394534	0.483977	0.265928	0.424683	0.175261
最大值	9.869866	9.677791	9.996752	10.00075	9.996933
最小值	−9.60827	−9.71966	−9.9499	−9.99737	−9.76295
标准差	2.89517	2.89285	2.579832	3.707965	2.844022
偏度	−0.70252	−0.7527	−0.52697	−0.43881	−0.62859
峰度	5.132976	5.337939	5.62757	3.690914	5.253112
样本数量	489	489	489	489	489
	机械	建筑	煤炭	农林牧渔	汽车
均值	0.156401	0.159404	0.075065	0.163306	0.127179
中位数	0.485026	0.278728	0.211614	0.448416	0.37659
最大值	9.937607	10.02604	9.986671	9.91022	9.766779
最小值	−9.58764	−9.94416	−9.98901	−9.94509	−9.8546
标准差	2.983982	2.966886	2.98032	2.944781	2.647417
偏度	−0.67057	−0.45853	−0.45618	−0.69288	−0.76108
峰度	5.009568	4.956664	5.105265	5.311858	5.625765
样本数量	489	489	489	489	489
	轻工制造	商贸零售	食品饮料	石油石化	通信
均值	0.167344	0.13	0.108446	0.03968	0.196181
中位数	0.472705	0.363823	0.199442	0.257115	0.433036
最大值	8.914035	9.88901	9.679123	7.283473	10.02905
最小值	−9.5163	−9.91422	−9.56397	−9.92077	−9.79438
标准差	2.891881	3.019215	2.189953	2.344738	3.085952
偏度	−0.7944	−0.73801	−0.51247	−0.8971	−0.58082
峰度	4.901377	5.328546	6.118691	6.040628	4.568614
样本数量	489	489	489	489	489
	银行	有色金属	医药	综合	
均值	0.113038	0.100628	0.127421	0.18578	
中位数	0.06815	0.263743	0.28716	0.416123	

续表

	银行	有色金属	医药	综合
最大值	8.207363	10.00779	9.964965	9.859918
最小值	−9.97094	−9.71187	−9.81787	−9.99691
标准差	2.158273	3.019268	2.661416	3.204706
偏度	−0.03207	−0.56263	−0.58387	−0.71491
峰度	6.899537	4.882555	5.735279	4.737224
样本数量	489	489	489	489

对中国 A 股上市公司行业指数日收盘价涨跌幅两两之间的格兰杰因果关系进行检验，最终得到中国 A 股市场的系统格兰杰因果关联度（DGC）约为 0.159。

对行业的格兰杰因果数量（C_i）进行研究后发现，对整个市场影响较大的五个行业分别是钢铁、建筑、石油石化、有色金属以及机械行业，说明目前国内基础工业及建设、大宗商品等行业对整个市场影响最大。

3.3.2　中国股票市场行业网络结构的无标度特性检验

从度的数量与其累计概率分布的双曲线图 3-3 中可以看出，中国 A 股行业网络的累计度分布在双对数曲线下能较好的拟合成直线，通过极大似然法对幂律指数进行估计，可得到 $\alpha = 2.14$，具有 [2,3] 的适当幂指数。中国 A 股行业指数的网络结构呈现出无标度特征，说明随机的行业冲击并不会对整个市场造成较大影响，而针对钢铁、建筑、石油石化等尺度较高的行业的冲击则会对整个市场造成较大影响。

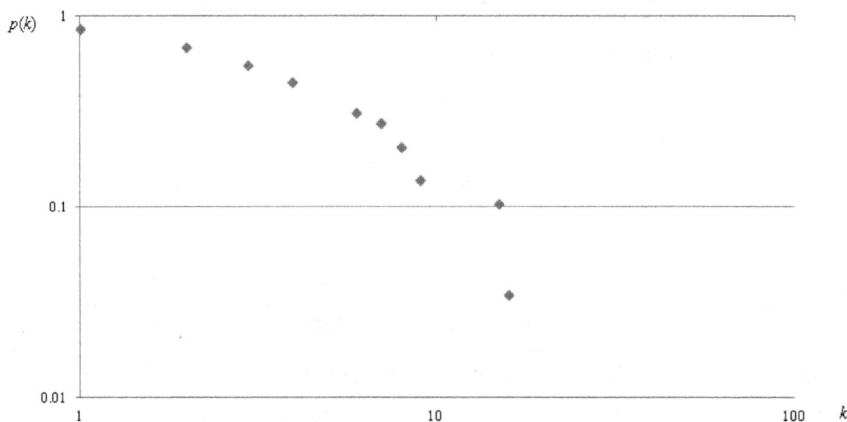

图 3-3　行业网络累计度分布的双对数曲线图

3.3.3   行业网络的小世界特性检验

在对行业网络的无标度性质进行检验后，下面检验行业网络的小世界特性。在典型的 WS 小世界网络结构中，网络的平均路径长度较短但却有较高的聚类特性，表明两个节点之间的平均距离较短且整个网络耦合成度较高。中国 A 股行业网络相关指标见表 3-4。行业网络的平均度为 9.2，表明每个节点平均与 9 个其他节点相连；平均路径长度为 1，表明任何两个节点之间的平均距离为 1；平均聚类系数 0.216，相对较小。与个股网络类似，行业网络平均路径长度小但聚类系数较低，并没有表现出特别典型的 WS 小世界网络特征。

表 3-4   中国 A 股行业网络的各指标值

指标	值
平均度	9.214
网络直径	1
网络密度	0.171
平均路径长度	1
平均聚类系数	0.216

对中国 A 股行业网络节点的度数据进行模拟后得到行业网络的结构图，见图 3-4。

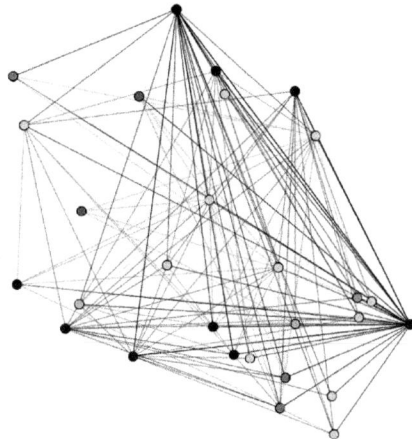

图 3-4   中国 A 股行业指数的网络结构模拟图

与个股分析相似，图中每个小点表示一只股票，每一条边表示连接两点之间格兰杰因果关系，颜色较浅的点表示度较小，颜色较深的点表示度较大。从图 3-4 中可以发现，对于多数点来说，度的大小相差不大，而只有极少数的点有着极大的度。只有当这些度较大的点代表的行业出现大幅波动时，会对较多行业造成影响，而大多数行业的波动对市场的影响有限。

3.4 本章小结

本章使用格兰杰因果网络模型从个股与行业两个维度讨论了中国股票市场的网络结构特征，结果表明，中国 A 股个股网络不具有典型的无标度特性和小世界网络特性，度分布相对无标度网络更为均匀，网络结构相对小世界网络更加松散；而行业网络的小世界网络特征不太明显，但无标度网络特征较为明显。

从个股的角度看，相较于无标度网络，中国 A 股个股网络更容易受到随机冲击的影响，蓄意攻击造成的影响也相对较小；平均路径较短，说明市场在受到冲击时会在较短时间内做出反应；聚类系数较小，说明网络结构较为松散，个股的随机冲击造成的绝对影响有限。从风险传染的角度来说，当个股出现大幅波动时，会在较短时间内影响到其他股票，但该影响的范围有限。

从行业的角度看，行业网络呈现出典型的无标度网络特征，表明针对行业的随机冲击并不会造成较大影响，而对钢铁、建筑、石油石化、有色金属以及机械行业的特定冲击会对整个市场造成巨大影响；平均路径长度小，表明在受到冲击时信息传递速度快；聚类系数较小，说明网络结构松散，个别行业的随机冲击影响有限。

综合个股与行业，从系统稳定性的角度上看，中国 A 股市场具有一定的系统稳定性，尽管其网络分布较无标度网络更为均匀，也更容易受到系统性的冲击，但由于大部分节点的度相对较小，同时聚类系数较小，因此在受到随机冲击时的影响十分有限。由于市场相对均匀的网络结构，中国 A 股市场需要更多地防范系统性风险，避免系统性事件对 A 股市场造成冲击。

第4章　羊群行为视角下资本市场
系统稳定性的评估与监测：以股票市场为例

在表现形式上，投资者羊群行为与资本市场系统稳定性具有极为相似的特征：资本市场系统稳定性的恶化突出反应为资产价格非理性的同涨同跌；羊群行为则刻画了投资者之间相互模仿、相互跟随的行为特征。羊群行为的加剧将造成投资者大规模的同向交易，促使资产价格快速形成，增大了资本市场暴涨暴跌的可能性，是导致资本市场系统稳定性恶化的必要条件之一。

针对这些问题,本章在 Pukthuanthong & Roll（2009）、Berger & Pukthuanthong（2012）的研究框架下，以中国股票市场为研究对象，借鉴羊群行为计量的思想方法，构建 K 指标和 FI 指标对资本市场系统稳定性进行评估。通过考察和比较 K 指标与 FI 指标对股票市场崩盘、跳跃等极端事件概率的影响，本章发现 K 指标能够提供更多关于资本市场异常波动的风险信息，对于评估与监测资本市场异常波动具有重要帮助。

4.1　羊群行为视角下的股票市场系统稳定性评估框架

4.1.1　羊群行为视角下股票市场系统稳定性评估的思想方法

尽管 Pukthuanthong & Roll（2009）并没有专门讨论系统稳定性的计量，但其对全球金融市场一体化程度的分析，为系统稳定性计量提供了一个有用的框架。在对多个金融市场收益率进行样本外主成分分析的基础之上，Pukthuanthong & Roll（2009）提供的经验证据表明，主成分分析可以有效反映潜在的全局性因素。因此，其将各金融市场收益率对多个主成分进行回归分析，即

$$R_{j,t} = \sum_{i=1}^{N} \beta_{i,t}^{j} PC_{i,t} + e_{j,t} \qquad (4.1)$$

其中，$R_{j,t}$ 是第 j 个金融市场的超额收益率，$PC_{i,t}$ 是第 i 个主成分，$\beta_{i,t}^{J}$ 是相应的回归系数，$e_{j,t}$ 是回归残差项，回归方程的 R^2 值则被用于计量金融市场一体化的程度。

基于这一框架，Berger & Pukthuanthong（2012）提出了国际金融市场的系统稳定性测度方法，其认为第一主成分最好地刻画了全局性因素，也对全球金融市场波动的贡献率最大。回归方程式（4.1）中对第一主成分的回归系数 $\beta_{1,t}^{J}$ 代表了金融市场 j 对于全局性因素的风险暴露。当全球金融市场平均暴露程度较高时，全局性因素的负面冲击容易引发导致全球金融市场的系统性危机，因此，其使用 $\beta_{1,t}^{J}$ 的横截面平均值计量全球金融市场的系统性风险，即 FI 指标。

$$FI_t = \frac{1}{K} \sum_{j=1}^{K} \beta_{1,t}^{j} \qquad (4.2)$$

尽管 Berger & Pukthuanthong 的实证结果表明，FI 指标对于预测全球金融风险的崩盘与跳跃风险具有良好的表现，但该指标也存在以下不足。

首先，比较式（4.1）与 CAPM 模型可以发现两者具有类似的结构，$\beta_{1,t}^{J}$ 也具有与 CAPM 模型下贝塔值类似的性质。与 CAPM 模型不同，式 (4.1) 中 $\beta_{1,t}^{J}$ 被允许动态变化的，而 CAPM 模型中的贝塔值是静态的，不随时间改变。$\beta_{1,t}^{J}$ 的动态变化既可能由不完全信息、投资者的非理性行为等市场摩擦因素导致，也可能是资产内在价值变动引起，而后者是市场有效率的体现，不应纳入系统性风险的范畴，前者将导致对系统性风险暴露的定价偏离均衡值，催生资产价格泡沫与崩盘，从而增大系统性风险。

其次，作为算数平均值，FI 指标将不可避免地会受到极端值的影响，而且如果 $\beta_{1,t}^{J}$ 不服从正态分布，那么 FI 指标将不具备样本代表性，而无法正确反映系统性风险的大小。相比之下，暴涨暴跌是系统不稳定的主要表现形式。因此，$\beta_{1,t}^{J}$ 在横截面上的二阶矩特征比算术平均值这一阶矩特征更能表征市场的系统性风险。

从形成机制而言，投资者的羊群行为与资本市场系统稳定性均强调了个体之间

的传染性特征。羊群行为反映了投资者行为之间的相互学习与模仿，而资本市场系统稳定性则强调了资产价格之间的高度相关。

目前，羊群行为的计量主要包括两类思路，一类是根据投资者的持仓数据，直接考察投资者的交易行为，另一类则直接考察资产价格波动的一致性。相比之下，前者受制于数据可得性，只能考察季度甚至年度等较低频率的羊群行为，而且会受到投资者"窗装效应"的影响。

基于第二类研究思路，Hwang & Salmon（2004）在 CAPM 模型框架下提出了羊群行为估计的状态空间模型。由于 CAPM 框架与式（4.1）框架结构类似，因此，本章将重点参考其研究方法，构建资本市场系统稳定性的计量方法。

4.1.2　羊群行为视角下股票市场系统稳定性评估的状态空间模型

假设 $\widetilde{\beta}_{1,t}^{j}$ 为系统性风险暴露在 t 期的均衡值，定义投资者对系统性风险暴露的定价偏差为

$$e_{1,t}^{j} = \beta_{1,t}^{j} - \widetilde{\beta}_{1,t}^{j} \tag{4.3}$$

在横截断面维度，以下关系成立：

$$\widetilde{\sigma}_{1,t}^{2} = \sigma_{1,t}^{2} + \hat{\sigma}_{1,t}^{2} \tag{4.4}$$

其中，$\widetilde{\sigma}_{1,t}^{2}$ 与 $\sigma_{1,t}^{2}$ 分别为 $\widetilde{\beta}_{1,t}^{j}$ 与 $\beta_{1,t}^{j}$ 的横截面方差，反映了其波动，$\hat{\sigma}_{1,t}^{2}$ 则为

$$\hat{\sigma}_{1,t}^{2} = E\left[\sum_{j=1}^{N} (e_{1,t}^{j})^{2} \right] \tag{4.5}$$

系统稳定性程度越高，系统性风险暴露的定价偏差越低，$\widetilde{\sigma}_{1,t}^{2}$ 也越为接近 $\sigma_{1,t}^{2}$。因此，本章使用两者的接近程度作为计量系统稳定性的标准，即定义指标

$$k_{t} = \frac{\sigma_{1,t}^{2}}{\widetilde{\sigma}_{1,t}^{2}} \tag{4.6}$$

则 k_{t} 将在 [0,1] 区间内变动，k_{t} 取值越大，系统性风险暴露的定价偏差越低，系统稳定性程度越高。为了行文方便，下文称之为 K 指标。

根据上述可得式（4.7），两边取对数为式（4.8）。

$$\sigma_{1,t}^2 = \frac{k_t}{1-k_t} E(\hat{\sigma}_{1,t}^2) \tag{4.7}$$

$$\ln[\sigma_{1,t}^2] = \ln[E(\hat{\sigma}_{1,t}^2)] + \ln\left[\frac{k_t}{1-k_t}\right] \tag{4.8}$$

由于 $\tilde{\beta}_{1,t}^j$ 无法被直接观测，因此，$\ln[E(\hat{\sigma}_{1,t}^2)]$ 也无法被直接观测，可以假设

$$\ln[E(e_{j,t}^2)] = \mu_e + \varepsilon_{e,t} \tag{4.9}$$

其中，$\mu_e = E(\ln[E(e_{j,t}^2)])$，$\varepsilon e,t$ 为扰动项，服从正态分布 $N(0,\sigma_e^2)$ 。

记 $Vt= \ln[kt / (1 - kt)]$，并假设系统稳定性将随着时间动态变化，其服从 AR(1) 过程：

$$V_t = \mu V_{t-1} + \varepsilon_{V,t} \tag{4.10}$$

其中，扰动项目 $\varepsilon V,t$ 为扰动项，服从正态分布 $N(0,\sigma_V^2)$。至此，（4.8）、（4.9）与（4.10）共同组成了一个标准的状态空间模型，其中，式（4.8）与（4.9）共同构成了状态空间模型的量测方程，式（4.10）为状态空间模型的状态方程。因此，在使用 Kalman 滤波方法估计出 Vt 序列后，K 指标被计算为

$$k_t = \frac{e^t}{1+e^t} \tag{4.11}$$

因此，K 指标在（0,1）区间范围内。

4.2 实证研究准备

4.2.1 基于主成分分析的系统性风险暴露计量

本章从行业的视角计量中国股票市场的系统稳定性，这不仅因为行业收益率可以通过行业指数直接计算获得，可以简化研究步骤，还因为行业特征是投资者进行投资决策的重要考量因素。研究使用在理论研究与实务工作中被广泛应用的申万一级行业分类，这一分类标准将中国股票市场分为 28 个行业，行业指数数据来自 Wind

金融终端中 2002 年 1 月至 2016 年 7 月的日度数据。

为了得到稳健的结论，本章分别计算了简单超额收益、Jensen's alpha 两种超额收益率，并使用相应收益率序列计量系统性风险暴露与系统稳定性。其中，行业 j 在 t 期的原始收益率 $RW_{j,t}$ 为

$$RW_{j,t} = \ln(P_{j,t}) - \ln(P_{j,t-1}) \qquad (4.12)$$

其中，$P_{j,t}$ 是行业 j 在 t 期的收盘价；相应地，简单超额收益率 $RE_{j,t}$ 被计算为

$$RE_{j,t} = RW_{j,t} - R_t^{index} \qquad (4.13)$$

其中，R_t^{index} 是市场指数收益率，其基于申万股票指数以与式（4.12）一致的方法计算得到；Jensen's alpha 超额收益率 RMj,t 被计算为

$$RM_{j,t} = RW_{j,t} - R_{f,t} - \beta(R_{i,t}^j - R_{f,t}) \qquad (4.14)$$

其中，$R_{f,t}$ 为无风险收益率，本章使用 1 年期的 SHIBOR 利率作为代理变量。

Berger & Pukthuanthong（2016）将 FI 指标方法用于考察股票市场的系统稳定性。参考其研究，本章按照月度频率计量系统性风险暴露 $\beta_{1,t}^j$，即使用日度收益率观测数据根据式（4.1）逐月回归。基于式（4.1），针对每一个行业，为了计量其系统性风险暴露 $\beta_{1,t}^j$，需要首先求解行业收益率的主成分。在主成分分析中，Berger & Pukthuanthong（2016）分别全样本与滚动样本计算协方差矩阵，并发现前者基本消除了系统性风险暴露 $\beta_{1,t}^j$ 的动态性特征。因此，在计算第 t 月主成分时，本章滚动地使用其前 12 个月的日度收益率计算协方差矩阵。

图 4–1 为各主成分对收益率样本方差的累积贡献率。从图 4–1 可以发现，对简单超额收益率与基于 Jensen's alpha 的超额收益率而言，前 20 个主成分的累积贡献率超过 90%，换句话说，前 20 个主成分至少可以解释 90% 以上的样本方差。因此，本章选择前 20 个主成分作为回归自变量。

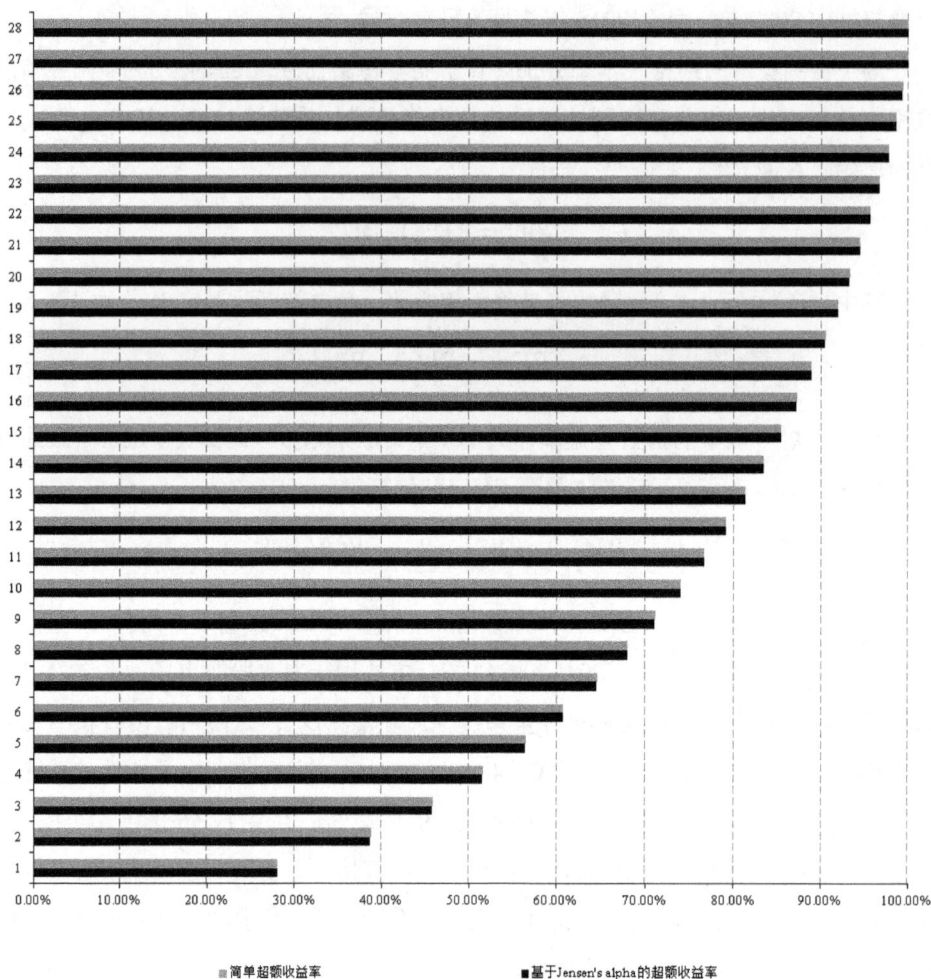

图 4-1　主成分累计贡献率

4.2.2　指标估计结果

在逐一估计单个行业的系统性风险暴露 $\beta_{1,t}^{j}$ 之后，本章使用状态空间模型估计了基于 K 指标方法的系统稳定性测度。表 4-1 是状态空间模型的参数估计。Panel A 与 Panel B 分别为基于简单超额收益率与 Jensen's alpha 的超额收益率的状态空间模型估计。在这两种情形下，状态方程的自回归项参数估计值的绝对值均小于 1，说明模型的参数估计均是稳定的。

表 4-1　状态空间模型参数估计

参数		估计值	标准误
Panel A：基于简单收益率的状态空间模型估计			
量测方程	μ_ε	−0.7592	0.1570
	σ_ε^2	0.0000	4.8325
状态方程	μ	−0.1493	0.1909
	σ_V^2	3.4413	4.9171
Panel B：基于 Jensen's alpha 超额收益率的状态空间模型估计			
量测方程	μ_ε	−0.7269	0.1649
	σ_ε^2	0.0000	46.4237
状态方程	μ	−0.0752	1.0351
	σ_V^2	3.3294	46.6774

　　图 4-2 与图 4-3 分别为使用简单超额收益率、Jensen's alpha 超额收益率的系统稳定性。直观比较图 4-2 与图 4-3 的变化形态可以发现，基于 K 指标方法计量的系统稳定性在两种情形下的取值较为一致；相反，基于 FI 指标方法计量的系统稳定性取值则存在较大差异，这一定程度说明了基于 FI 指标方法计量的系统稳定性缺乏稳健性。

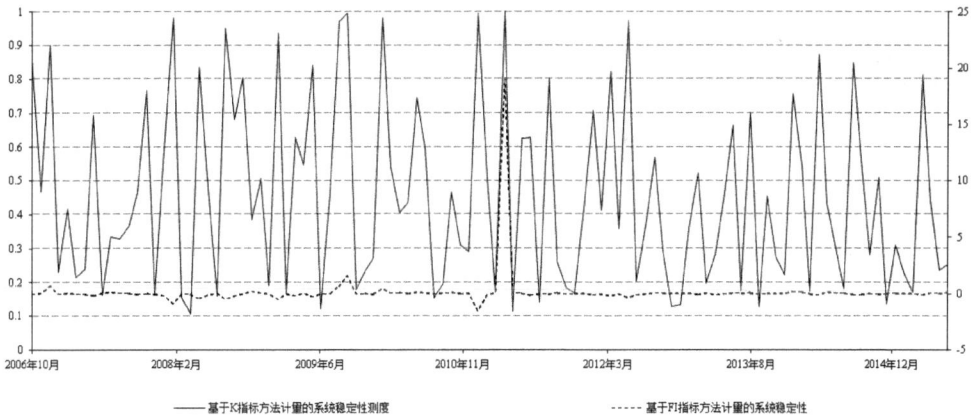

图 4-2　使用简单超额收益率计量的系统稳定性

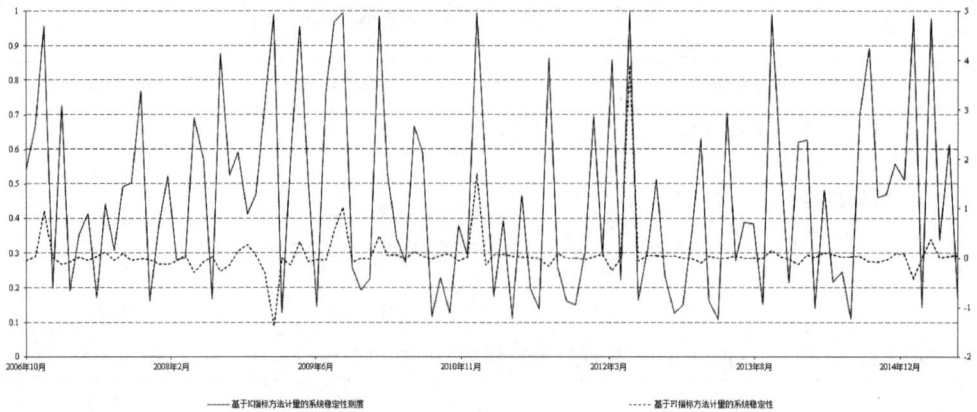

图 4-3　使用 Jensen's alpha 超额收益率计量的系统稳定性

表 4-2 对系统稳定性的估计值进行了简单描述性统计。特别考虑到，融资融券业务于 2010 年 3 月 31 日后正式启动，中国股票市场的交易制度出现了结构性变动，因此，表 4-2 对融券融券业务启动前后的系统稳定性分别进行了描述性统计。在各种情形下比较融资融券业务启动前后的系统稳定性，可以发现较为一致的特征：从均值与中位数来看，融资融券业务启动后的系统稳定性在一定程度上低于业务启动前；从标准差、最大值与最小值来看，系统稳定性在融资融券业务启动后的波动则弱于业务启动前。

表 4-3 对基于 K 指标与 FI 指标的系统稳定性估计进行了 ADF 平稳性检验：在各种情形下，系统稳定性序列均是平稳的。

表 4-2　系统稳定性指标的描述性统计

描述统计	以简单超额收益率为研究样本		以 Jensen's alpha 超额收益率为研究样本	
	融资融券业务启动前	融资融券业务启动后	融资融券业务启动前	融资融券业务启动后
Panel A：基于 K 指标方法计量系统稳定性				
均值	0.5074	0.4224	0.5147	0.4150
标准差	0.2970	0.2492	0.2711	0.2691
中位数	0.4659	0.3611	0.5053	0.3397
最大值	0.9961	1.0000	0.9945	0.9985
最小值	0.1055	0.1132	0.1290	0.1093

续表

Panel B：基于 FI 指标方法计量系统稳定性			
均值	0.0003	0.2687	0.0144	0.0947
标准差	0.3715	2.3938	0.3477	0.5369
中位数	1.6303	19.0472	1.0190	3.8994
最大值	−0.0247	0.0081	−0.0241	0.0187
最小值	−0.9605	−1.5477	−1.3785	−0.4278

表 4-3 系统稳定性指标的 ADF 平稳性检验

变量	滞后数	无常数项与趋势项		有常数项		无常数项与趋势项	
		Rho 统计量	p 值	Rho 统计量	p 值	Rho 统计量	Rho 统计量
PanelA：基于 K 指标计量系统稳定性							
简单超额收益率样本	1	−12.5009	0.0125	−157.0088	0.0001	−168.2356	0.0001
	3	−2.7482	0.2532	−102.6932	0.0001	−129.0719	0.0001
	5	−1.2294	0.4334	−119.4070	0.0001	−262.9494	0.0001
Jensen's alpha 超额收益率样本	1	−12.0073	0.0144	−120.9100	0.0001	−122.0394	0.0001
	3	−2.9529	0.2360	−79.5204	0.0010	−80.7273	0.0003
	5	−1.4599	0.3991	−73.4062	0.0009	−76.1153	0.0003
PanelB：基于 FI 指标计量系统稳定性							
简单超额收益率样本	1	−104.3131	0.0001	−106.7277	0.0001	−106.7541	0.0001
	3	−131.3529	0.0001	−144.4784	0.0001	−144.7487	0.0001
	5	−128.8089	0.0001	−162.4200	0.0001	−163.1522	0.0001
Jensen's alpha 超额收益率样本	1	−114.0436	0.0001	−120.6089	0.0001	−121.1130	0.0001
	3	−98.3950	0.0001	−116.4050	0.0001	−119.9074	0.0001
	5	−74.5836	0.0001	−102.3911	0.0001	−109.5712	0.0001

4.3 针对股票市场极端波动的指标有效性分析

崩盘与跳跃，分别指代突发性的资产价格巨幅下跌或巨幅上涨，是极端波动的两种主要表现形式。本章将通过分析系统稳定性对于股市崩盘与跳跃的影响，讨论比较基于 K 指标与 FI 指标的监测有效性。

4.3.1　崩盘与跳跃状态的识别

参考 Marin & Oliver（2006）、李志生等（2015）的研究，本章使用以下标准识别资产价格崩盘与跳跃事件，并分别记为二元虚拟变量 $D_{C,t}$ 与 $D_{J,t}$。当资产 j 第 t 月的收益率相对收益率均值出现大幅下降时，则认为资产价格出现崩盘事件，记 $D_{C,t}=1$，否则 $D_{C,t}=0$；类似地，当资产 j 第 t 月的收益率相对收益率均值出现大幅上升时，则认为资产价格出现跳跃事件，记 $D_{J,t}=1$，否则 $D_{J,t}=0$。

具体以简单超额收益率 RE 为例，本章通过以下方式识别资产价格崩盘事件：

$$D_{C,t} = \begin{cases} 1 & RE_t - \overline{RE}_t \le -\lambda_t \\ 0 & RE_t - \overline{RE}_t > -\lambda_t \end{cases} \tag{4.15}$$

并将资产价格跳跃事件定义为

$$D_{J,t} = \begin{cases} 1 & RE_t - \overline{RE}_t \ge \lambda_t \\ 0 & RE_t - \overline{RE}_t < \lambda_t \end{cases} \tag{4.16}$$

在以上两式中，$\overline{RE}_t$ 为前 36 个月的简单超额收益率移动均值，λt 用于界定巨幅上涨或下跌，本章考虑了一倍的移动标准差与两倍的移动标准差两种情形。类似地，在以原始收益率 RW 与 Jensen's α 超额收益率为对象的研究中，本章采用一致的方法识别崩盘与泡沫事件。

进一步地，本章的 Logistic 模型统一采用以下设定：用 Dt 统一指代 DC,t 或 DJ,t，假设存在潜变量 $\tilde{D}_t$ 与随机变量 Dt 之间具有一一对应的映射关系：当 $\tilde{D}_t$ 大于临界值 c 时，$Dt=1$；当 $\tilde{D}_t$ 不小于临界值 c 时，$Dt=0$，即

$$D_t = \begin{cases} 1 & \tilde{D}_t > c \\ 0 & \tilde{D}_t \le c \end{cases} \tag{4.17}$$

假设潜变量 $\tilde{D}_t$ 与自变量具有线性关系，可以用回归模型的方式表示，即

$$\tilde{D}_t = \beta_1 x_{1,t} + \beta_2 x_{2,t} + ... + \beta_k x_{k,t} + u_{i,t} \tag{4.18}$$

其中，$x_{j,t}$ 为第 j 个自变量在 t 的观测，β_j 为相应的回归系数，$u_{i,t}$ 是相互独立、均值为 0 的随机扰动项，其服从逻辑分布。

在这一设定下，崩盘或跳跃事件的发生概率为：

$$P(D_t = 1) = 1 - F\left(c - \sum_{j=1}^{k} \beta_j x_{j,t}\right) \tag{4.19}$$

其中，F 是逻辑分布函数。对上式求关于自变量 $x_{j,t}$ 的偏导，可得：

$$\frac{\partial P(D_t = 1)}{\partial x_{j,t}} = f\left(c - \sum_{j=1}^{k} \beta_j x_{j,t}\right)\beta_j \tag{4.20}$$

其中，f 是逻辑分布的密度函数。根据上式，崩盘或跳跃概率随自变量 $x_{j,t}$ 变动的方向与回归系数 β_j 的符号一致。

4.3.2 股指崩盘与跳跃的 Logistic 回归

本章首先讨论系统稳定性对股指收益率崩盘或跳跃概率的影响。对于股指收益率而言，因为无法计算其简单超额收益与 Jensen's alpha 超额收益率，所以，股指崩盘与跳跃事件的识别仅使用其原始收益率。

表 4-4 为股指收益率崩盘的 Logistic 回归结果。在最初的回归中，模型自变量仅包含系统稳定性指标，为了说明系统稳定性指标包含比一般波动性更多的信息，本章进一步将波动性纳入模型自变量，其中，股指收益率的波动性被计算为日收益率在当月的标准差。

表 4-4 股指收益率崩盘的 Logistic 回归

收益率	自变量	基于 K 指标方法计量系统稳定性		基于 FI 指标方法计量系统稳定性	
		单变量回归	多变量回归	单变量回归	多变量回归
		Panel A：$\lambda_t = \sigma_t$			
RE	系统稳定性	**−4.9006*****	**−6.0855****	−0.2727	−0.7540
		(0.0000)	**(0.0011)**	(0.6062)	(0.4981)
	波动性		26.9349		**−99.5047*****
			(0.4047)		**(0.0000)**
RM	系统稳定性	**−4.8577*****	**−5.6992****	0.1412	0.8292
		(0.0000)	**(0.0013)**	(0.7442)	(0.1170)
	波动性		19.9435		**−108.1759*****
			(0.5336)		**(0.0000)**

续表

		Panel B: $\lambda_t = 2\sigma_t$			
RE	系统稳定性	**−7.9447*****	**−7.3508****	−0.2613	−1.4575
		(0.0000)	**(0.0166)**	(0.5987)	(0.3580)
	波动性		−11.0004		**−169.2352*****
			(0.8235)		**(0.0000)**
RM	系统稳定性	**−7.5330*****	**−5.4809****	0.1173	**1.3788****
		(0.0000)	**(0.0295)**	(0.7846)	**(0.0408)**
	波动性		−42.6695		**−190.4658*****
			0.3707		**(0.0000)**

注：括号内为 p 值，*，**，*** 分别代表 p 值小于 0.1、0.05、0.001，字体加粗表示在 90% 的水平上显著不为零。

表 4-4 第一列说明了用以计量系统稳定性的收益率序列。在 Panel A 与 Panel B 中，崩盘分别被定义为当期收益率低于收益率均值一倍与两倍标准差的情形。表 4-4 比较了基于 K 指标方法与基于 FI 指标方法计量的系统稳定性对股指收益率崩盘概率的影响。通过进行单变量回归可以发现，在各收益率情形与崩盘识别标准下，基于 K 指标方法计量的系统稳定性均负向显著影响股指崩盘概率，说明，系统稳定性程度越强，股指崩盘的概率越低；相反，基于 FI 指标方法计量的系统稳定性的影响则均不显著。

进一步加入波动性指标后，基于 K 指标方法计量的系统稳定性依然显著影响股指崩盘概率，而波动性则并不显著，这说明系统稳定性包含了比波动性更为丰富的信息。相比之下，在大部分情形下，基于 FI 指标方法计量的系统稳定则不能显著影响股指崩盘概率。

表 4-5 是股指收益率跳跃的 Logistic 回归结果，其中，Panel A 与 Panel B 分别将跳跃定义为当期收益率高于收益率均值一倍与两倍标准差的情形。可以发现，在单变量与多变量回归中，基于 FI 指标方法计量的系统稳定性均不能显著影响股指跳跃概率。相比之下，基于 K 指标方法计量的系统稳定性在单变量回归中均显著负向影响股指跳跃概率。但是，在自变量加入波动性指标之后，基于 K 指标方法计量的系统稳定性的显著性程度出现明显下降。这与表 4-4 的结果出现了一定程度的偏离，反映了市场波动的非对称性，即市场波动对下跌的反应比对市场上升的反应更加强烈。

表 4-5　股指收益率跳跃的 Logistic 回归

收益率	自变量	基于 K 指标计量系统稳定性		基于 FI 指标计量系统稳定性	
		单变量回归	多变量回归	单变量回归	多变量回归
		Panel A：$\lambda_t = \sigma_t$			
RE	系统稳定性	**−4.5327*****	**−3.3862****	−0.2043	−0.3414
		(0.0000)	**(0.0189)**	(0.5463)	(0.7591)
	波动性		−31.7415		**−116.0560*****
			(0.3602)		**(0.0000)**
RM	系统稳定性	**−4.6651*****	**−3.5946****	−0.9023	−0.4488
		(0.0000)	**(0.0153)**	(0.2329)	(0.6445)
	波动性		−29.2002		**−115.8067*****
			(0.3940)		**(0.0000)**
		Panel A：$\lambda_t = 2\sigma_t$			
RE	系统稳定性	**−15.2659*****	−12.9127	−0.2026	−0.5195
		(0.0002)	(0.1742)	(0.5444)	(0.8881)
	波动性		−32.5608		**−279.9394*****
			(0.7974)		**(0.0000)**
RM	系统稳定性	**−17.1142*****	−15.1679	−0.9191	−0.2837
		(0.0003)	(0.1004)	(0.2296)	(0.9050)
	波动性		−23.3340		**−281.4651*****
			(0.8169)		**(0.0000)**

注：括号内为 p 值，*，**，*** 分别代表 p 值小于 0.1、0.05、0.001，字体加粗表示在 90% 的水平上显著不为零。

4.3.3　共生性行业崩盘与跳跃的 Logistic 回归

"同涨同跌"是股票市场不稳定的突出表现，反映到行业层面，亦即多个行业同时发生崩盘或跳跃事件。因此，本章进一步分析和比较系统稳定性指标对于共生性的行业崩盘与跳跃概率的影响。在这种情况下，Logistic 回归因变量的取值将依赖于发生崩盘或跳跃事件的行业数量。

以崩盘为例，在识别单个行业的崩盘或跳跃事件的基础之上，如果存在超过 N 个行业崩盘，记 $D_{C,t} = 1$；否则 $D_{C,t} = 0$；类似地，如果存在超过 N 个行业发生跳跃事件，记 $D_{N,t} = 1$；否则 $D_{N,t} = 0$。

表 4-6　共生性行业崩盘与跳跃的 Logistic 回归（基于 K 指标计量系统稳定性）

行业数	以简单收益率为研究样本		以 Jensen's alpha 超额收益率为研究样本	
	估计值	p 值	估计值	p 值
Panel A：行业收益率崩盘（识别标准为 $\lambda_t = \sigma_t$）				
4	**−0.9001****	0.0424	−0.0005	0.9988
6	**−3.3454*****	0.0000	**−2.2974*****	0.0000
8	**−6.1074*****	0.0000	**−3.3385*****	0.0000
10	**−17.7922*****	0.0006	**−4.8460*****	0.0000
12	**−17.7922*****	0.0006	**−6.1149*****	0.0000
Panel B：行业收益率崩盘（识别标准为 $\lambda_t = 2\sigma_t$）				
4	**−11.7750*****	0.0000	**−5.6660*****	0.0000
6	**−17.7922*****	0.0006	**−6.6054*****	0.0000
8	**−17.7922*****	0.0006	**−8.2035*****	0.0000
10	**−17.7922*****	0.0006	**−10.3753*****	0.0000
12	**−17.7922*****	0.0006	**−10.3753*****	0.0000
Panel C：行业收益率跳跃（识别标准为 $\lambda_t = \sigma_t$）				
4	**−0.9486****	0.0335	−0.0507	0.8797
6	**−2.8413*****	0.0000	**−1.9789*****	0.0000
8	**−5.3689*****	0.0000	**−3.0957*****	0.0000
10	**−6.2265*****	0.0000	**−4.4531*****	0.0000
12	**−8.8798*****	0.0000	**−5.5374*****	0.0000
Panel D：行业收益率跳跃（识别标准为 $\lambda_t = 2\sigma_t$）				
4	**−9.9043*****	0.0000	**−4.4898*****	0.0000
6	**−11.2113*****	0.0000	**−7.0307*****	0.0000
8	**−13.9914*****	0.0001	**−10.1028*****	0.0000
10	**−13.9914*****	0.0001	**−10.1028*****	0.0000
12	**−13.9914*****	0.0001	**−10.1028*****	0.0000

注：括号内为 p 值，*，**，*** 分别代表 p 值小于 0.1、0.05、0.001，字体加粗表示在 90%
的水平上显著不为零。

表 4-6 和表 4-7 为共生性行业崩盘与跳跃的 Logistic 回归结果，其中，表 4-6 基
于 K 指标计量系统稳定性，表 4-7 基于 FI 指标计量系统稳定性，且单个行业崩盘与
跳跃事件的识别标准与股指一致。与此同时，在行业数量标准的选择上，由于篇幅
限制，本章仅展示了 N 取值为 4、6、8、10 与 12 时的回归结果。

比较表 4-6 和表 4-7 可以发现，基于 FI 指标计量的系统稳定性均不能显著影响
共生性的行业崩盘与跳跃概率，而基于 K 指标计量的系统稳定性与共生性的行业崩
盘与跳跃概率显著负相关，即对某一固定的 N 取值而言，系统稳定性越强，共生性
行业崩溃或跳跃的概率越低。最后，比较表 4-6 中不同 N 取值情形可以发现，N 取
值越大，回归系数越低，因此，发生崩溃或跳跃事件的行业数量越多，基于 K 指标

计量的系统稳定指标对共生性崩溃或跳跃概率的影响越敏感。

表 4-7　共生性行业崩盘与跳跃的 Logistic 回归（基于 FI 指标计量系统稳定性）

行业数	使用简单收益率		使用 Jensen's alpha 超额收益率	
	估计值	p 值	估计值	p 值
Panel A：行业收益率崩盘（识别标准为 $\lambda_t = \sigma_t$）				
4	−0.2483	0.5888	0.6448	0.5015
6	−0.1844	0.5261	0.4791	0.6140
8	−1.1147	0.2691	0.4576	0.6296
10	−0.2051	0.5471	0.0554	0.9529
12	−0.2051	0.5471	0.0668	0.9432
Panel B：行业收益率崩盘（识别标准为 $\lambda_t = 2\sigma_t$）				
4	−0.1915	0.5331	0.2694	0.7748
6	−0.2051	0.5471	0.4012	0.6716
8	−0.2051	0.5471	0.1852	0.8438
10	−0.2051	0.5471	0.6914	0.4725
12	−0.2051	0.5471	0.6914	0.4725
Panel C：行业收益率跳跃（识别标准为 $\lambda_t = \sigma_t$）				
4	−0.1276	0.4950	−1.3695	0.1827
6	−0.1812	0.5230	−0.6724	0.4842
8	−0.1885	0.5301	−0.6549	0.4951
10	−0.1864	0.5280	−0.1241	0.8948
12	−0.1777	0.5198	0.1420	0.8798
Panel D：行业收益率跳跃（识别标准为 $\lambda_t = 2\sigma_t$）				
4	−0.1861	0.5278	−0.8449	0.3858
6	−0.1850	0.5267	0.4332	0.6476
8	−0.1903	0.5319	0.6002	0.5304
10	−0.1903	0.5319	0.6002	0.5304
12	−0.1903	0.5319	0.6002	0.5304

4.3.4　单个行业崩盘与跳跃的 Logistic 回归

对于单个资产而言，其资产价格的崩盘或跳跃，既可能由其异质性冲击导致，也可能由系统性的共同冲击引发，更可能是由其他资产的异质性冲击传染产生。对于后两者而言，系统稳定性的降低是导致单个资产价格崩盘或跳跃的重要原因。

本章在行业层面分析和比较了系统稳定性对单个行业收益率崩盘与跳跃概率的影响。本章报告了以简单超额收益率为研究样本的回归结果，而以 Jensen's alpha 超额收益率为研究样本的回归结果与其完全一致，因此不再赘述。

表 4-8 和表 4-9 为单个行业收益率崩盘与跳跃的 Logistic 回归结果。表 4-8 的系

统稳定性计量基于 K 指标，表 4-9 则基于 FI 指标。比较两者容易发现，在各种崩盘
与跳跃识别标准下，基于 K 指标计量的系统稳定性显著影响单个行业崩盘与跳跃概
率，而基于 FI 指标计量的系统稳定性则完全不显著。

表 4-8　单个行业收益率崩盘与跳跃的 Logistic 回归（基于 K 指标方法计量系统稳定性）

申万行业分类	崩盘				跳跃			
	$\lambda_t = \sigma_t$		$\lambda_t = 2\sigma_t$		$\lambda_t = \sigma_t$		$\lambda_t = 2\sigma_t$	
	估计值	p 值	估计值	p 值	估计值	p 值	估计值	p 值
农林牧渔	−6.1728***	0.0000	−12.3914***	0.0000	−4.6765***	0.0000	−8.8798***	0.0000
采掘	−3.5849***	0.0000	−13.9914***	0.0001	−5.4237***	0.0000	−7.5656***	0.0000
化工	−4.3688***	0.0000	−13.0400***	0.0001	−3.2271***	0.0000	−7.5656***	0.0000
钢铁	−4.0430***	0.0000	−9.8424***	0.0000	−4.2719***	0.0000	−12.9728***	0.0001
有色金属	−6.0220***	0.0000	−9.8424***	0.0000	−3.1425***	0.0000	−14.4521***	0.0001
电子	−3.9591***	0.0000	−17.7922***	0.0006	−3.1422***	0.0000	−10.0029***	0.0000
家用电器	−4.5829***	0.0000	−17.7922***	0.0006	−3.3886***	0.0000	−16.1298***	0.0003
食品饮料	−4.5802***	0.0000	−17.7922***	0.0006	−3.5032***	0.0000	−10.8208***	0.0000
纺织服装	−3.4312***	0.0000	−17.7922***	0.0006	−4.6738***	0.0000	−8.8798***	0.0000
轻工制造	−4.3572***	0.0000	−13.0400***	0.0001	−5.0072***	0.0000	−10.8138***	0.0000
医药生物	−3.8129***	0.0000	−17.7922***	0.0006	−5.5056***	0.0000	−10.8138***	0.0000
公用事业	−4.7385***	0.0000	−17.7922***	0.0006	−4.8935***	0.0000	−7.4977***	0.0000
交通运输	−5.0681***	0.0000	−13.9914***	0.0001	−3.5253***	0.0000	−7.2690***	0.0000
房地产	−4.3707***	0.0000	−13.9914***	0.0001	−4.7503***	0.0000	−15.4216***	0.0002
商业贸易	−4.6484***	0.0000	−9.6910***	0.0000	−4.1829***	0.0000	−10.0071***	0.0000
休闲服务	−3.7087***	0.0000	−17.7922***	0.0006	−3.1777***	0.0000	−10.0071***	0.0000
综合	−4.3040***	0.0000	−13.0400***	0.0000	−3.1060***	0.0000	−7.9551***	0.0000
建筑材料	−3.9782***	0.0000	−12.0135***	0.0000	−5.2394***	0.0000	−7.9551***	0.0000
建筑装饰	−3.8770***	0.0000	−8.7919***	0.0000	−5.3247***	0.0000	−8.2545***	0.0000
电气设备	−5.0154***	0.0000	−17.7922***	0.0006	−5.6999***	0.0000	−10.2705***	0.0000
国防军工	−4.0923***	0.0000	−10.7091***	0.0000	−3.9882***	0.0000	−9.7781***	0.0000
计算机	−4.0242***	0.0000	−12.9728***	0.0001	−3.4394***	0.0000	−6.7983***	0.0000
传媒	−5.2456***	0.0000	−16.1298***	0.0003	−3.0660***	0.0000	−4.6189***	0.0000
通信	−6.1985***	0.0000	−12.9728***	0.0001	−3.7356***	0.0000	−8.8139***	0.0000
银行	−3.0987***	0.0000	−8.8798***	0.0000	−4.2810***	0.0000	−9.1285***	0.0000
非银金融	−5.0039***	0.0000	−8.8798***	0.0000	−3.1212***	0.0000	−13.2310***	0.0001
汽车	−5.1084***	0.0000	−17.7922***	0.0006	−4.2354***	0.0000	−13.2310***	0.0001
机械设备	−4.0122***	0.0000	−12.9728***	0.0001	−3.0102***	0.0000	−12.5796***	0.0000

注：*，**，*** 分别代表 p 值小于 0.1、0.05、0.001，字体加粗表示在 90% 的水平上显著不为零。

表 4-9　单个行业收益率崩盘与跳跃的 Logistic 回归（基于 FI 指标方法计量系统稳定性）

申万行业分类	崩盘				跳跃			
	$\lambda_t = \sigma_t$		$\lambda_t = 2\sigma_t$		$\lambda_t = \sigma_t$		$\lambda_t = 2\sigma_t$	
	估计值	p 值	估计值	p 值	估计值	p 值	估计值	p 值
农林牧渔	−0.2085	0.5506	−0.2054	0.5474	−0.1574	0.5038	−0.1777	0.5198
采掘	−0.2604	0.5981	−0.1903	0.5319	−0.1144	0.5000	−0.1140	0.5002
化工	−0.3125	0.6210	−0.2028	0.5447	−0.1560	0.5029	−0.1140	0.5002
钢铁	−0.2410	0.5825	−0.1985	0.5403	−0.1673	0.5109	−0.1985	0.5403
有色金属	−0.2663	0.6021	−0.1985	0.5403	−0.1563	0.5031	−0.1963	0.5380
电子	−1.0075	0.2985	−0.2051	0.5471	−0.1855	0.5272	−0.1959	0.5376
家用电器	−0.2678	0.6031	−0.2051	0.5471	−0.1637	0.5082	−0.2010	0.5428
食品饮料	−0.2073	0.5493	−0.2051	0.5471	−0.2164	0.5588	−0.2020	0.5438
纺织服装	−0.2736	0.6067	−0.2051	0.5471	−0.1831	0.5248	−0.1777	0.5198
轻工制造	−0.1968	0.5385	−0.2028	0.5447	−0.2089	0.5510	−0.1906	0.5322
医药生物	−0.2348	0.5768	−0.2051	0.5471	−0.2366	0.5784	−0.1906	0.5322
公用事业	−0.1891	0.5307	−0.2051	0.5471	−0.1789	0.5210	−0.1987	0.5404
交通运输	−0.2252	0.5675	−0.1903	0.5319	−0.2031	0.5450	−0.2109	0.5531
房地产	−0.2019	0.5437	−0.1903	0.5319	0.2337	0.5758	−0.1983	0.5400
商业贸易	−0.1185	0.4977	−0.1163	0.4989	−0.1650	0.5091	−0.1965	0.5382
休闲服务	−0.2613	0.5987	−0.2051	0.5471	−0.1766	0.5188	−0.1965	0.5382
综合	−0.2532	0.5927	−0.2028	0.5447	0.1563	0.5031	−0.2025	0.5444
建筑材料	−0.2444	0.5854	−0.2021	0.5439	−0.2230	0.5654	−0.2025	0.5444
建筑装饰	−0.1477	0.4985	−0.1933	0.5349	−0.2335	0.5756	−0.2193	0.5617
电气设备	−0.2376	0.5794	−0.2051	0.5471	−0.1878	0.5294	−0.2199	0.5623
国防军工	−0.2402	0.5817	−0.2140	0.5563	−0.1864	0.5281	−0.1903	0.5319
计算机	−1.0694	0.2808	−0.1985	0.5403	−0.2383	0.5801	−0.1883	0.5299
传媒	−1.1188	0.2681	−0.2010	0.5428	−0.4493	0.5748	−0.3823	0.6101
通信	−0.9709	0.3099	−0.1985	0.5403	−0.2063	0.5483	−0.1956	0.5373
银行	−0.1714	0.5143	−0.1777	0.5198	−0.1981	0.5398	−0.1946	0.5363
非银金融	−0.1737	0.5162	−0.1777	0.5198	0.1972	0.5389	−0.2053	0.5472
汽车	−0.2236	0.5660	−0.2051	0.5471	−0.2178	0.5601	−0.2053	0.5472
机械设备	−0.1785	0.5206	−0.1985	0.5403	−0.1093	0.5039	−0.1923	0.5340

4.4　本章小结

本章从投资者羊群行为出发，在 Pukthuanthong & Roll（2009）、Berger & Pukthuanthong（2012）的分析框架下，引入 Hwang & Salmon（2004）关于羊群行为计量的思想方法，提出了股票市场系统稳定性评估的 K 指标和 FI 指标。K 指标从二阶矩的视角考察了股票错误定价在横截面维度的一致性程度；FI 指标仅从一阶矩的角度评估了股票价格对于全局性因素风险暴露的敏感性。实证结果表明，K 指标剔除了有效率的价格调整所产生的影响，更加准确地刻画了股票市场系统稳定性特征。

通过考察系统稳定对股市崩盘与跳跃等极端性风险事件的影响，本章对 K 指标与 FI 指标进行了比较。实证结果发现，无论是股指收益率崩盘与跳跃，还是行业共生性崩盘与跳跃，以及单个行业收益率崩盘与跳跃，FI 指标均不能显著影响其崩盘与跳跃的发生概率；相反，K 指标则具有一致的显著性，比 FI 指标提供了更多关于资本市场风险的信息。

第5章 溢出效应视角下资本市场
系统稳定性的评估与监测

从生成机制角度看，风险的溢出与传染是导致资本市场系统稳定性降低的重要因素。随着中国资本市场创新发展的不断深入，资本市场各子市场间互通互联机制逐步完善。交叉性金融业务与产品快速增长，一方面，为投资者提供更加丰富的财务管理与投资渠道，提高了资本市场效率；另一方面，也使得各子市场间的联系更为紧密，为风险的溢出与传染创造了客观条件，对资本市场系统稳定性带来了潜在威胁。因此，考察资本市场子市场间的风险溢出与传染，对于评估与监测资本市场系统稳定性具有重要意义。

本章首先讨论了中国股市与债市之间的溢出效应。股市与债市是资本市场重要组成部分，也是投资者资产配置的传统渠道。风险在这两个市场间的溢出与传染，往往是资本市场系统稳定性降低的主要表现形式，并可能引发系统性的金融危机。以2007年美国次贷危机为例，债市的违约事件快速演化成股市暴跌，并从美国迅速向全球范围溢出。因此，对于监管机构而言，股市与债市间的溢出效应特征是资本市场系统稳定性评估的主要内容之一。

相比债市，股市的波动性更加剧烈，社会影响也更为广泛。2016年5月，新三板分层方案出炉，并于6月正式执行和实施分层，标志着中国股市形成了以主板、中小板、创业板为主体，新三板、区域股权市场等为补充的多层次股票市场体系。通过考察股市板块间的溢出效应特征，研究股市的系统稳定性，分析股市内部的相互作用机制，并从溢出效应视角对股市场系统稳定性进行评估与监测。

5.1 股票市场与债券市场间溢出效应研究

所谓溢出效应，是指不同金融市场间存在的相互影响、相互制约与相互引导关系，可以区分为收益率溢出与波动率溢出。

较早期的研究主要讨论了国际股票市场间的收益率溢出效应（Eun & Shim，1989；Bekaert & Harvey，1995；Dumas et al.，2003；Forbes & Chinn，2004 等），相对于收益率溢出效应而言，波动率溢出效应更加能够反映市场间的信息流动与风险传递，因此，随后的大量研究主要以波动率溢出效应为研究对象（Asgharian& Nossman，2011；Tsai，2014 等）。

5.1.1 实证研究准备

1. 模型构建

本章将采用 VAR–BEKK 模型，分别从收益率溢出与波动率溢出的维度对资本市场的系统稳定性进行评估分析。股市、债市的 VAR 设定如下：

$$r_{1,t} = c_1 + \sum_{i=1}^{k} \theta_{1i} r_{1,t-i} + \sum_{i=1}^{k} \varphi_{1i} r_{2,t-i} + \varepsilon_{1,t} \qquad （5.1）$$

$$r_{2,t} = c_2 + \sum_{i=1}^{k} \theta_{2i} r_{1,t-i} + \sum_{i=1}^{k} \varphi_{2i} r_{2,t-i} + \varepsilon_{2,t} \qquad （5.2）$$

其中，i=1、2，r_{1},t、r_{2},t 分别为股市、债市在 t 期的收益率，c_1、c_2 是常数项，θ、φ 是滞后期的系数估计，ε 为残差项。

当 θ 不全为 0 时，说明股市、债市收益率的滞后期对其自身收益率的当期有影响；当 φ 不全为 0 时，说明股市、债市收益率的滞后期会影响对方的当期收益率，意味着当前市场收益率会受到另一个市场前期收益率的影响。此时，可通过 φ 的大小、显著性来判断股市、债市收益率的相互影响，并通过格兰杰因果检验来判断两个市场间的收益率溢出效应。

虽然 BEKK(p,q) 中存在多种可能，但是大部分研究表明 BEKK(1,1) 足以拟合多元金融资产收益率的波动情况。股市、债市的二元 BEKK 设定如下：

$$H_t = CC^T + A(\varepsilon_{t-1}\varepsilon_{t-1}^T)A^T + BH_{t-1}B^T \tag{5.3}$$

其中，H_t 为 t 期股市、债市的条件方差与协方差矩，

$$H_t = \begin{bmatrix} h_{11,t} & h_{12,t} \\ h_{21,t} & h_{22,t} \end{bmatrix}$$

$h_{11,t}$、$h_{22,t}$ 分别是股市、债市的条件方差，$h_{12,t}$、$h_{21,t}$ 为股市、债市间的条件协方差；C 为上三角矩阵，是常数项的参数估计；A 为 ARCH 项系数，主对角项反映了股市、债市各自的 ARCH 效应，非主对角项表示两市的 ARCH 型波动率溢出；B 为 GARCH 项系数，主对角反映了股市、债市各自的 GARCH 效应，非主对角项表示两市的 GARCH 型波动率溢出。A、B、C 矩阵中共计 11 个待估计参数，其具体形式为：

$$A = \begin{bmatrix} a_{11} & a_{12} \\ a_{21} & a_{22} \end{bmatrix} \qquad B = \begin{bmatrix} b_{11} & b_{12} \\ b_{21} & b_{22} \end{bmatrix} \qquad C = \begin{bmatrix} c_{11} & c_{12} \\ 0 & c_{22} \end{bmatrix}$$

展开式（5.3）得到条件方差、协方差的具体形式：

$$
\begin{aligned}
h_{11,t} &= c_{11}^2 + (a_{11}^2\varepsilon_{1,t-1}^2 + 2a_{11}a_{12}\varepsilon_{1,t-1}\varepsilon_{2,t-1} + a_{12}^2\varepsilon_{2,t-1}^2) + \\
&\quad (b_{11}^2 h_{11,t-1} + 2b_{11}b_{12}h_{12,t-1} + b_{12}^2 h_{22,t-1})
\end{aligned} \tag{5.4}
$$

$$
\begin{aligned}
h_{22,t} &= c_{22}^2 + (a_{22}^2\varepsilon_{2,t-1}^2 + 2a_{22}a_{21}\varepsilon_{2,t-1}\varepsilon_{2,t-1} + a_{21}^2\varepsilon_{1,t-1}^2) + \\
&\quad (b_{22}^2 h_{22,t-1} + 2b_{22}b_{21}h_{12,t-1} + b_{21}^2 h_{22,t-1})
\end{aligned} \tag{5.5}
$$

$$
\begin{aligned}
h_{12,t}h_{21,t} &= c_{12}c_{21} + [a_{11}a_{12}\varepsilon_{1,t-1}^2 + (a_{12}a_{21} + a_{11}a_{22})\varepsilon_{1,t-1}\varepsilon_{2,t-1} \\
&\quad + a_{21}a_{12}\varepsilon_{2,t-1}^2] + [b_{11}b_{12}h_{11,t-1} + (b_{12}b_{21} + b_{11}b_{22})h_{12,t-1} \\
&\quad + b_{21}b_{22}h_{22,t-1}]
\end{aligned} \tag{5.6}
$$

从式（5.4）、（5.5）、（5.6）中可以看出，股市、债市的波动来自两方面：①自身的残差项、对方的残差项以及相互影响，即式（5.4）、（5.5）中前一个括号内的 ARCH 项；②自身的前期波动、对方的前期波动以及相互影响，即式（5.4）、（5.5）中后一个括号内的 GARCH 项。

当 $a_{12}=b_{12}=0$ 时，股市波动仅受股市前期残差项、前期波动项的影响，债市对股市无波动率溢出；当 $a_{21}=b_{21}=0$ 时，债市波动仅受债市前期残差项、前期波动项的影响，

057

股市对债市无波动率溢出；当 $a_{12}=b_{12}=0$ 和 $a_{21}=b_{21}=0$ 同时成立时，说明股市、债市之间不存在波动率溢出。

最后，对股市、债市的标准化残差项进行自相关检验以保证模型拟合的充分性。

2. 研究样本与描述性统计

本章选取沪深 300 指数和中证全债指数（净价）分别作为股市和债市指标。相较于上证综指，沪深 300 指数从沪深两市选取 300 只股票为样本编制而成，更能够反映中国股市全貌。债市分为银行间市场和交易所市场，银行间市场占债券存量、结算量主要部分，而交易所市场交易效率更高，选取银行间债券和交易所债券均不足以反映债市交易全貌，因此选取中证全债指数，它涵盖了银行间、交易所债券市场，包括多种交易品种，能够反映中国债市整体走势。

沪深 300 指数以 2004 年 12 月 31 日为基准日编制而成，中证全债指数以 2002 年 12 月 31 日为基准日。为了尽可能长地捕捉股市、债市之间的溢出效应，根据指数的编制规则和市场走势，可计算出基准日后发布前的具体数值，选取 2003 年 1 月初至 2016 年 10 月底作为观测区间。

剔除交易不同步的数据后，得到 3356 组指数日收盘价格的观测值，数据来源为 Wind 金融终端。采用沪深 300 指数、中证全债指数的对数收益率，计算方式如下：

$$r_{i,t} = 100 \times \ln(P_{i,t} / P_{i,t-1}) \tag{5.7}$$

其中，$i=1,2$，$r_{1,t}$、$r_{2,t}$ 分别为股市、债市在 t 期的收益率，$P_{i,t}$、$P_{i,t-1}$ 为指数在 t、$t-1$ 期收盘价格。股市、债市收益率走势见图 5-1。

表 5-1 列出了股市、债市收益率的统计性描述。对比分析可知，股市、债市收益率具有以下特征：①股市收益率的均值、标准差均大于债市收益率的均值、标准差，体现了金融市场高风险、高收益的特征；②股市收益率偏度为负，具有较长的左尾分布，说明股市会频繁地出现负收益或一些极大的损失，债市收益率偏度为正，情况则相反；③债市收益率有着更强的尖峰特征，说明债市收益率更多地分布在均值与尾部区域，出现偏离均值的极端收益率的可能性更大。这三点特征也可以从图 5-1 中看出。

表 5-1　收益率的描述性统计

	均值	中位数	标准差	最大值	最小值	偏度	峰度	JB
股市	0.0330	0.0794	1.7798	8.9310	-9.6949	-0.4589	6.4948	1831.99[***]
债市	0.0014	0.0000	0.1230	1.5823	-1.3171	0.4264	25.1335	88407.09[***]

注：★★★ 表示在 1% 的水平内显著。

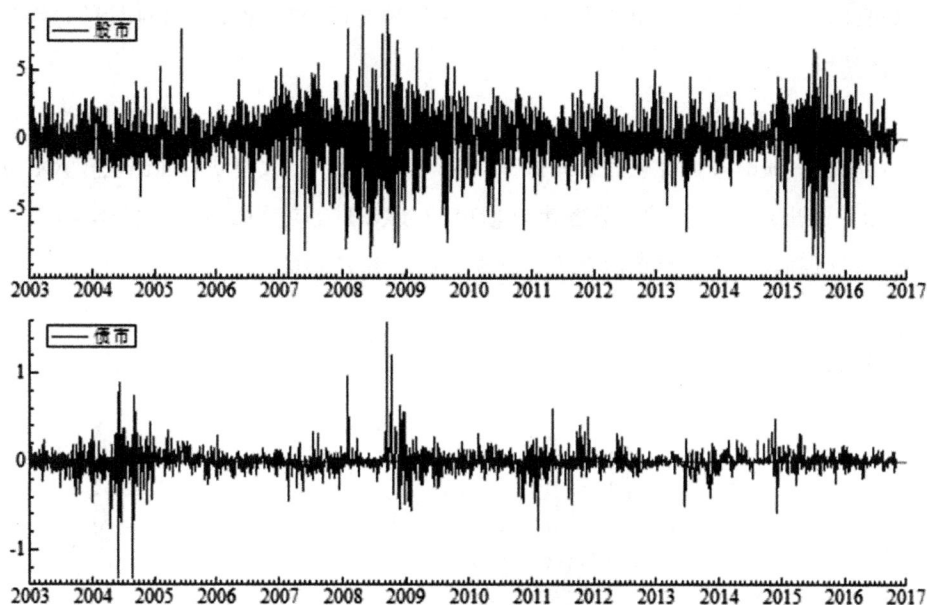

图 5-1　股市、债市收益率时序图

3. 收益率的检验

为了避免伪回归问题，在模型估计前对收益率序列进行平稳性检验。采用 ADF 检验对收益率序列进行单位根检验，采取无趋势项、无常数项形式，结果表明股市、债市收益率序列在 1% 的显著性水平内平稳。结果见表 5-2。

表 5-2　收益率的平稳性、自相关性、ARCH 效应检验

	ADF	$Q(20)$	$Q^2(20)$	ARCH(5)	ARCH(10)
股市	-16.397[***]	65.218[***]	1297.479[***]	270.637[***]	339.440[***]
债市	-12.824[***]	483.837[***]	546.049.[***]	152.351[***]	204.793[***]

注：★★★ 表明在 1% 水平内显著；$Q(20)$、$Q^2(20)$ 分别是残差序列、残差序列平方 Ljung-Box 检验的 Q 统计量。

金融资产收益率往往存在序列自相关。采用滞后 20 期的 Ljung–Box 的 Q 统计量对股市、债市收益率序列进行自相关检验。在 1% 的显著性水平内，均拒绝了不存在序列自相关的原假设，说明股市、债市收益率存在显著的自相关性。

收益率序列的 ARCH 效应检验有两种方法：一种是检验均值方程中残差序列平方的自相关性，另一种是对收益率序列进行 ARCH–LM 检验。由表 5-2 的 $Q^2(20)$ 统计量可知，残差中存在 ARCH 效应，滞后 5 阶和滞后 10 阶 ARCH–LM 检验也得到了同样的结果。

从图 5-2 中可以看出，股市、债市的 ε_t^2 波动具有明显的时变性和集聚性，市场的波动率在一段时间内比较大，在另一段时间内比较小，大波动后面出现较大波动，小波动后面出现较小波动，且股市比债市的 ARCH 效应更加明显。结合 ARCH–LM 检验，可以判断股市、债市收益率存在显著的 ARCH 效应。

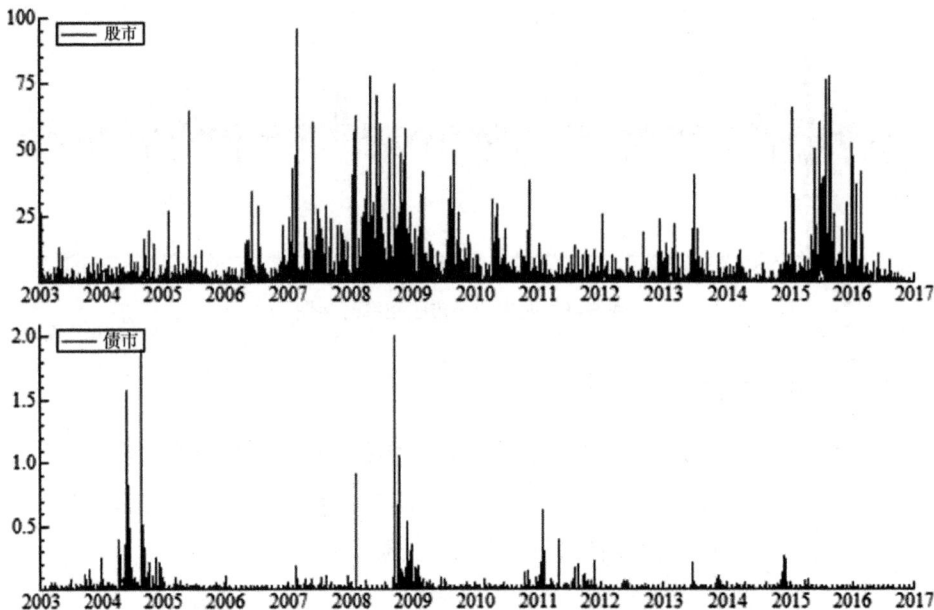

图 5-2　收益率的 ε_t^2 时序图

5.1.2　市场间溢出效应与相关性分析

1. 溢出效应分析

本章结合 VAR 和 BEKK 来估计股市、债市的溢出效应。溢出效应估计分两步，首先是收益率溢出效应估计，采用 VAR 模型，然后是波动率溢出效应估计，采用 BEKK 模型，数据来自 VAR 估计方程中的残差。

（1）收益率溢出效应估计。

本章采用 AIC、SC、HQ、FPE 信息准则来确定 VAR 模型的滞后阶数。在滞后 8 阶内，各滞后期的信息准则数值如表 5-3 所示。AIC、HQ、FPE 的最佳滞后期为 6，SC 的最佳滞后期为 1，根据多数原则，选取滞后 6 阶模型。估计结果见表 5-4，模型估计后的特征根都在单位圆内，说明模型设定合理。

表 5-3　VAR 估计的信息准则

Lags	1	2	3	4	5	6	7	8
FPE	0.0460	0.0456	0.0456	0.0454	0.0453	0.0450*	0.0451	0.0451
AIC	2.5958	2.5886	2.5874	2.5843	2.5816	2.5754*	2.5763	2.5769
SC	2.6068*	2.6069	2.6130	2.6172	2.6218	2.6229	2.6311	2.6390
HQ	2.5997	2.5951	2.5965	2.5961	2.5960	2.5924*	2.5959	2.5991

注：* 表明由信息准则选取的最佳滞后阶数。

表 5-4　VAR 模型系数估计结果

	常数	股市 (−1)	股市 (−2)	股市 (−3)	股市 (−4)	股市 (−5)	股市 (−6)
	0.030	0.027	−0.027	0.032*	0.061***	0.000	−0.054***
	[0.987]	[1.572]	[−1.541]	[1.858]	[3.534]	[0.022]	[−3.131]
股市	债市 (−1)	债市 (−2)	债市 (−3)	债市 (−4)	债市 (−5)	债市 (−6)	
	0.069	0.521**	−0.115	0.004	0.203	−0.255	
	[0.268]	[2.002]	[−0.439]	[0.017]	[0.779]	[−0.994]	
	F：3.186, Log likelihood：−6663.167, AIC：3.987						

续表

债市	常数	股市 (−1)	股市 (−2)	股市 (−3)	股市 (−4)	股市 (−5)	股市 (−6)
	0.001	−0.003**	−0.002*	−0.002**	−0.003**	−0.001	0.002
	[0.523]	[−2.172]	[−1.702]	[−1.960]	[−2.321]	[−1.125]	[1.454]
		债市 (−1)	债市 (−2)	债市 (−3)	债市 (−4)	债市 (−5)	债市 (−6)
		0.179***	0.069***	0.029*	−0.006	0.056***	0.068***
		[10.388]	[3.937]	[1.680]	[−0.349]	[3.212]	[3.955]
	F：19.465，Log likelihood：2378.026，AIC：−1.412						

注：***、**、* 分别表示在 1%、5%、10% 水平内显著；[ ] 内是参数估计的 t 值。

从估计系数看，股市、债市收益率均受到其自身滞后项的显著影响。其中，股市收益率的滞后 3 期、4 期、6 期对当期都有显著影响，债市收益率的滞后 1 期、2 期、3 期、5 期、6 期对当期都有显著为正的影响；从相互影响来看，债市收益率的滞后 2 期对股市收益率有显著为正的影响，而股市收益率的滞后 1—4 期对债市收益率都有显著为负的影响，数值相对较小。接着进行格兰杰因果检验以确定股市、债市之间的收益率溢出效应是否存在（见表 5-5）。

表 5-5　收益率溢出效应检验

H_0	F	p	结论
债市不是股市的格兰杰原因	0.977	0.439	接受 H_0
股市不是债市的格兰杰原因	3.467	0.002	拒绝 H_0

在债市收益率方程中，在任何显著性水平下都可以拒绝"股市不是债市的格兰杰原因"的原假设，表明股市对债市存在收益率溢出；在股市收益率方程中，在任何显著性水平下都无法拒绝"债市不是股市的格兰杰原因"的原假设，表明债市对股市不存在收益率溢出。

短期内，股市的前期收益率会显著影响债市收益率，而股市收益率只受到自身滞后期的影响。可能的逻辑在于，当股市收益率高时，市场资金会大量流入债市，流入债市资金相应出现萎缩，在需求减少的情况下推动债券市场向下，导致收益率下降。在滞后 1—4 期时，这种负相关效应都较为明显。这也说明股市作为资本市场的重要组成部分，仍是资本市场的主导部分，其走势对其他市场的影响更为明显。

（2）波动率溢出效应估计。

同大多数研究一样，假设残差项服从正态分布。经过 67 次迭代计算，模型收敛，经过 HAC 的稳健方差调整后，得到系数估计结果，如表 5–6 所示。模型检验如表 5–7 所示，分别对股市、债市估计后的标准化残差项及残差项的平方项进行了自相关检验，在 1% 显著性水平下，均无法拒绝原假设，说明股市、债市的残差中不存在序列自相关，信息提取完全，模型拟合充分。

表 5–6　BEKK(1,1) 模型系数估计结果

$C = \begin{bmatrix} c_{11} & c_{12} \\ 0 & c_{22} \end{bmatrix}$		$A = \begin{bmatrix} a_{11} & a_{12} \\ a_{21} & a_{22} \end{bmatrix}$		$B = \begin{bmatrix} b_{11} & b_{12} \\ b_{21} & b_{22} \end{bmatrix}$	
0.213***	−0.022	0.230***	−0.008	0.965*	0.003
[4.806]	[−1.190]	[6.028]	[−1.166]	[98.111]	[1.061]
0	−0.054***	−0.270	0.544***	0.327	0.725***
[0.000]	[5.077]	[−0.357]	[5.800]	[0.685]	[12.634]
Log likelihood: −778.350					

注：***、**、* 分别表示在 1%、5%、10% 水平内显著；[ ] 内是参数估计的 t 值。

表 5–7　估计后的标准化残差项检验

	$Q(4)$	$Q(8)$	$Q(12)$	$Q^2(4)$	$Q^2(8)$	$Q^2(12)$
股市	4.112	12.295	25.251	5.622	8.188	10.442
	(0.391)	(0.139)	(0.014)	(0.229)	(0.415)	(0.577)
债市	4.923	7.529	21.007	1.335	7.389	7.948
	(0.295)	(0.481)	(0.050)	(0.855)	(0.495)	(0.789)

注：$Q(\ )$、$Q^2(\ )$ 是标准化残差项及其平方的 Ljung–Box 检验的 Q 统计量；(　) 是参数估计的 p 值。

BEKK 的估计结果显示，在条件方差方程中，a_{21}、a_{22}、b_{11}、b_{22} 参数估计值均在 5% 水平内显著，表明股市、债市的波动具有集聚性；a_{12}、b_{12} 参数估计值都在 0 附近，且估计出的系数在任何水平内均不显著，表明债市上一期波动对当期股市波动影响不显著，不存在债市向股市的波动率溢出；a_{21}、b_{21} 在任何水平内都不显著，说明股市上一期波动对当期债市波动影响不显著，不存在股市向债市的波动率溢出。2003 年 1 月—2016 年 10 月，股市、债市均存在波动集聚性，但是两市间波动的相互影响不显著，现进行波动率溢出检验。

针对波动率溢出效应进行 Wald 检验，即对模型系数的显著性进行联合检验。

从表 5-8 中的波动率溢出效应检验可以看出，在任何显著性水平下，均不能拒绝原假设，也就是说股市与债市之间不存在显著的波动率溢出效应。股市、债市在样本期间表现出明显的市场分割特征。

表 5-8　波动率溢出效应检验

H_0	Wald	P	结论
$a_{21}=b_{21}=0$	1.440	0.487	接受 H_0，股市对债市无溢出
$a_{12}=b_{12}=0$	0.625	0.731	接受 H_0，债市对股市无溢出

（3）溢出效应分析小结。

在观测期内，股市、债市溢出效应具有如下特点：在收益率溢出上，只存在股市向债市的单向溢出，股市滞后 1-4 期对债市的影响为显著为负，虽然债市滞后 2 期对股市有显著为正且程度较大的影响，但整体来说债市对股市不存在显著的收益率溢出；在波动率溢出上，两个市场不存在显著的波动率溢出，表现出市场分割特征。

收益率溢出表示的是市场间的信息传递。中国股市参与者以中小投资者为主体，债市参与者以机构投资者为主体，投资主体构成不同意味着两市对信息处理方式的差异。相较而言，股市仍然占据资本市场的主导地位，股市行情更容易受到资本市场参与者的关注，股市也是重点监管对象，股市向其他市场的信息外溢更为明显，对债市收益率溢出显著就是佐证之一。

波动率溢出反映市场间的风险传染。中国股市在 2003—2016 年经历多轮牛、熊互换，震荡幅度远高于其他经济体的股市，受政策面、资金面主导的股市暴涨暴跌式风险时有发生。相比而言，在很长一段时间内，中国债市一体化程度低，银行间债券市场、交易所债券市场在交易期限、交易品种方面异化严重，投资者参与度活跃程度不够，债市处于相对平稳的波动区间，并未表现出显著的风险。由于股市、债市的投资者构成差异明显，这在很大程度上决定了股市、债市的风险分割特征。长时间内，两个市场并没有出现明显的联动效应和风险传染事件，从这个角度来看，中国资本市场系统稳定性良好。

2. 相关性分析

从理论上来说，金融市场间的溢出效应体现在市场波动的相关性中，而大量研究表明市场间的波动关系是时变的，特别是在不同的市场行情、宏观经济状况下，金融市场间相关关系表现各异。

为了更好地估计股市、债市在长时间内的关联性，根据 BEKK 估计出的股市、债市条件方差和协方差，计算出两市收益率的动态相关系数 $\rho_{12,t}$

$$\rho_{12,t} = \frac{h_{12,t}}{\sqrt{h_{11,t}h_{22,t}}} \tag{5.8}$$

表 5-9　不同行情下两市动态相关系数描述

区间	行情	观测数	均值	最大值	最小值	标准差
2003.1–2005.6	震荡	595	0.007	0.111	−0.063	0.027
2005.6–2007.10	牛市	557	0.000	0.084	−0.111	0.032
2007.10–2008.11	熊市	259	−0.007	0.085	−0.131	0.046
2008.11–2009.8	牛市	183	0.006	0.045	−0.023	0.014
2009.8–2014.11	震荡	1270	−0.001	0.085	−0.131	0.037
2014.11–2015.6	牛市	151	0.018	0.092	−0.022	0.022
2015.6–2015.10	熊市	82	−0.016	0.017	−0.065	0.018
2015.10–2016.10	震荡	252	0.008	0.094	−0.049	0.028
总体		3349	0.001	0.111	−0.131	0.034

由图 5-3 可以看出，股市、债市间相关系数处在 [−0.15,0.2] 区间，说明动态相关性并不紧密，这也间接证明了股市、债市间的市场分割特征。此外，股市、债市间的动态相关系数在 2008 年 9 月份最低，在 2013 年 7 月份最高。在 2003—2016 年，中国股市经历多轮震荡，走势将之划分为牛市、熊市、震荡三种行情，并分别计算每段行情的动态相关系数，股市走势及行情划分见图 5-4，动态相关系数统计性质描述见表 5-7，两市动态相关关系表现出以下两个特征。

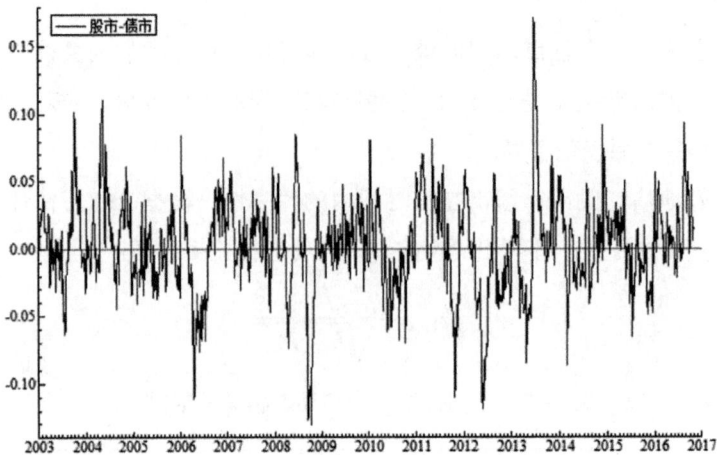

图 5-3　股市、债市动态相关系数

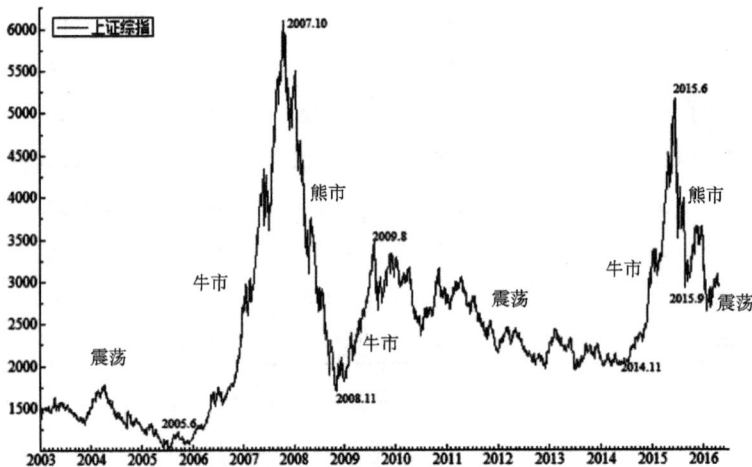

图 5-4　股市走势及行情划分

（1）股市、债市动态相关性较弱，表现出市场分割特征。

动态相关系数的绝对值小，在 0 附近频繁波动，总体上来说两市相关性微弱，在大多数情况下，动态相关性均值为负，分散化投资可以较好地进行风险分散。从另一个角度来看，债市、股市出现的长期分割也是资本市场一体化程度低的体现。

在牛市中，资本的逐利性会让投资者更加青睐于股市，会将资金从债市转移到股市，以获取高回报；在熊市中，资本追逐安全性（Flight to Quality）意愿更强，从而将资金从股市撤离转移至债市以获取平均回报。股市、债市间资产配置存在的交易成本，影响了股市、债市的资金转移，从而导致股市、债市的动态相关性并不显著。

更为重要的是，债市的收益率相对稳定，股市虽然作为资本市场主导，对债市存在显著的收益率溢出，且其信息传递渠道通畅，但是由于中国债市的市场交易并不活跃，且以机构投资者为主，所以股市对债市的波动率溢出并不显著，因此动态相关系数也长期在零均值附近。

（2）股市、债市动态相关性受资本市场整体情况影响大。

依股票市场走势，将 2003—2016 年划分为震荡、牛市、熊市多个区间，并分别对各个区间的两市动态相关系数做统计性描述。总体上来说，牛市中，动态相关系数为正，熊市中相关系数为负，震荡行情中的相关系数则有正有负。2007—2008 年的熊市行情中，股市、债市的动态相关性表现出极大的波动，而在随后近一年的小幅反弹牛市中，动态相关性表现平稳。这可能与 2008 年第 4 季度推出的 4 万亿扩张财政政策相关。政策实施后，债市、股市都出现了短暂的拉升，并且走高行情一直延续到了 2009 年第 3 季度。两市动态相关性的转变更多的受来自资金面的影响，在宽松的货币政策以及资本市场信用大扩张环境下，两市动态相关系数走势更为平稳，说明股市、债市在市场资金充裕的情况下保持相对平稳的联系。

5.2　股票市场板块间溢出效应研究

相比债市，股市的波动性更为剧烈。作为中国资本市场的重要组成部分，中国股票市场形成了以主板、中小板、创业板为主体，新三板、区域股权市场为补充的多层次市场融资体系。当前关于股市板块间溢出效应的研究较为缺乏，本章将通过考察主板、中小板与创业板不同股市板块间的收益率溢出与波动溢出，讨论资本市场系统稳定性的评估与监测。

5.2.1　中国股票市场多层次融资体系发展现状

中国股市经过 20 多年的改革和发展，在体量和流量上都有了巨大的变化。截至 2016 年 9 月 30 日，沪深两市上市公司已达 2 952 家，上市股票总数为 3 034 只，流通市值 37.8 万亿元，总市值 48.5 万亿元。在交易所分布上，上交所上市公司有 1 134 家，深交所上市公司有 1 818 家；在板块分布上，主板上市公司有 1 694 家（不含中小板），中小板有 800 家，创业板有 540 家，整个主板市场上市公司数占比为 56.45%；在股票种类上，A 股 2 933 只，B 股 101 只；在市盈率上，A 股平均市盈率为 15，B 股平均市盈率为 29.5[①]。

中小板于 2004 年 6 月由深圳证券交易所推出，是中国处于成熟期的科技型企业的主要股权融资平台。创业板于 2009 年 10 月 30 日正式开通，首批 28 家公司挂牌上市，截至 2016 年 9 月 30 日，创业板已有 540 家上市公司，总市值达 51 361 亿元，是 2009 年成立之初的 33 倍，如今中小板、创业板已成长为多层次资本市场的重要组成部分。

2016 年 10 月，正值创业板成立 7 周年之际，创业板虽经历了多次起伏震荡，但整体实现了 115% 的正收益，高于同期主板、中小板的收益率水平。从融资规模来看，截至 2016 年 9 月 30 日，创业板已累计融资 6 191 亿元，有效发挥了资本市场资源配置、为实体经济输送资金的作用。创业板上市公司净利润快速增长，让投资者获得了较好的资本回报。据相关人士分析，创业板上市公司保持较快的利润增长主要有三大原因：一是国家从扶持战略性新兴产业到提出供给侧改革，创业板所代表的新兴产业、高科技产业与中国经济转型升级的大方向相契合，获得了投资者较高的认同度；二是创业板绩优公司业绩增长迅猛，权重股保持较高的业绩增速，有力支撑了股价上涨；三是并购重组提升了公司规模和盈利能力，外延式的快速扩张推动了股价上涨。

主板、中小板、创业板以满足不同类型企业和不同风险偏好投资者的投融资需求，基于服务对象的不同和定位差异，各自形成了不同层次的投融资平台。具体来说，主板主要面对风险偏好低、投资收益回报要求不高的投资者；中小板、创业板主要面对风险偏好高、追求高投资回报的投资者。从上市公司主体而言，主板市场多为处于成熟阶段、风险较小的大型企业，中小板、创业板主要面对高成长性、风险较大的中小型企业。并且，在企业存续、股东人数、财务指标、股本情况等方面对上市公司有着不同的要求，具体见表 5–10。

---

① 数据来源：中国证监会网站。

表 5-10　板块微观结构比较

	主板	中小板	创业板
企业存续	3 年及以上	3 年及以上	3 年及以上
股东人数	不少于 1 000 人	不少于 1 000 人	不少于 200 人
企业类型	大型成熟企业	主板拟发行中成长性好、科技含量高、股本规模相对小的企业	高科技、高成长性中小企业
财务要求	（1）最近三个会计年度均盈利且三年净利润总计高于 3 000 万元； （2）最近两个会计年度净现金流总计高于 5 000 万元，最近三个会计年度营业收入总计高于 3 亿元	与主板一致	（1）最近两个会计年度均盈利且持续增长，两年净利润总计不低于 1 000 万元 （2）或最近一个会计年度净利润不低于 500 万元、营业收入不低于 5 000 万元，最近两个会计年度营收增长率均不低于 30%
资产要求	最近一个会计年度年末无形资产占净资产比例低于 20%		最近一个会计年度年终净资产高于 2 000 万元
股本要求	发行前股本总额不低于 3 000 万元；发行后股本总额不低于 5 000 万元		发行后股本总额不低于 3 000 万元
业务经营	业务体系较为完整	与主板一致	一种业务经营为主
公司治理	（1）最近三年以来保持稳定的主营业务；企业控制人、主要管理层没有发生重大变动 （2）治理结构完善 （3）三分之一以上的董事会成员为独立董事	与主板一致	（1）最近两年以来保持稳定的主营业务；企业控制人、主要管理层没有发生重大变动 （2）治理结构完善；相关机构和人员能依法履行职责
信息披露	年报、半年报、季报	与主板一致	年报、半年报、季报，且比主板、中小板要求高

资料来源：沪深交易所相关公告。

　　微观结构上的差异导致主板、中小板、创业板行情走势、风险状况也不同，在市场正常运行时，各板块间可能表现出显著的"分割"特征。但是在中小板、创业板创立初期，三个板块之间可能会相互影响，市场分割特征不明显。并且，当整个市场规模在短期内无法扩大时，新设立的市场或板块必然会对现存板块造成资金分流的影响，形成竞争关系，也就是说，在中小板或创业板创立初期会对主板市场产生冲击效应。板块间的动态相关性具有时段性，在考虑板块间的溢出效应时，需要综合考虑市场特征。

风险溢出效应是板块间相互影响关系的一种有效测度，可以通过收益率溢出和波动率溢出直接刻画板块间的互动关系，从而分析股票市场的稳定机制。当前关于中国资本市场关联性、传染性、溢出效应的研究多集中于股市与其他市场之间的关系，对不同层次股票市场之间的研究深度并不够。并且现有研究多集中在对资金流向、市场管制、准入机制等理论层面上，研究结果主要说明板块相互影响的一般理论关系，利用量化分析手段对板块间相互影响进行测度的实证研究相对缺乏。

本章节首先运用 VAR 和格兰杰因果关系检验主板、中小板、创业板之间的收益率溢出效应，然后用 DCC-GARCH 模型估算板块间的动态相关系数，以估计出板块间的波动相关性，最后采用 BEKK 模型量化波动率溢出效应，以检验板块间是否存在波动率溢出效应、波动率溢出的方向如何，以评估股市的系统稳定性情况。

5.2.2 实证研究准备

1. 实证研究模型

首先选用 VAR 估计主板、中小板、创业板之间的收益率溢出效应，而后基于 VAR 的残差，用 DCC-GARCH 来估计主板、中小板、创业板的动态相关性。VAR 设定如下：

$$r_{1,t} = c_1 + \sum_{i=1}^{k} \theta_{1i} r_{1,t-i} + \sum_{i=1}^{k} \varphi_{1i} r_{2,t-i} + \sum_{i=1}^{k} \phi_{1i} r_{3,t-i} + \varepsilon_{1,t} \qquad (5.9)$$

$$r_{2,t} = c_2 + \sum_{i=1}^{k} \theta_{2i} r_{1,t-i} + \sum_{i=1}^{k} \varphi_{2i} r_{2,t-i} + \sum_{i=1}^{k} \phi_{2i} r_{3,t-i} + \varepsilon_{2,t} \qquad (5.10)$$

$$r_{3,t} = c_3 + \sum_{i=1}^{k} \theta_{3i} r_{1,t-i} + \sum_{i=1}^{k} \varphi_{3i} r_{2,t-i} + \sum_{i=1}^{k} \phi_{3i} r_{3,t-i} + \varepsilon_{3,t} \qquad (5.11)$$

其中，$i=1,2$，$r_{1,t}$、$r_{2,t}$、$r_{3,t}$ 分别为主板、中小板、创业板在 t 期的收益率，c_1、c_2、c_3 是常数项，θ、φ、ϕ 是滞后期的系数估计，ε 为残差项。

θ 表示主板收益率的滞后期对主板、中小板、创业板收益率当期的影响；φ 表示中小板收益率的滞后期对主板、中小板、创业板收益率当期的影响；ϕ 表示创业板收益率的滞后期对主板、中小板、创业板收益率当期的影响此时。可通过 θ、φ、ϕ 的大小和显著性来判断板块间的收益率溢出。当 VAR 模型是稳定的，即建立的 VAR 模型的特征根均在单位圆内，可以进行格兰杰因果检验，以进一步分析主板、中小板、创业板收益率之间的动态关系，检验他们是否存在时间上的先导—滞后关系，即进一步确认板块间的收益率溢出情况。

Engel（2002）提出的 DCC-GARC 模型为研究金融市场间的动态相关系数提供了方法，能更好地刻画板块间的动态相关变化，尤其有助于分析研究在不同市场行情下的两者关系。最初的 DCC-GARCH 是基于收益率为联合正态分布假设估进行估计，为了提高模型的适用性，可从两方面改进 DCC-GARCH，第一是假设联合正态分布为 T 分布，第二是假设波动率模型存在杠杆效应。本章先采用基于 T 分布的 DCC-GARCH 模型来估计板块收益率之间的动态相关系数。

DCC-GARCH 需通过两个步骤来估计两市之间的动态相关系数。首先，利用 GARCH 模型分别估计出股市、债市收益率的条件方差，并计算得到标准化残差序列，然后将标准化残差序列代入 DCC 动态结构模型中，采用极大似然法估计动态结构模型的参数，得到动态相关系数矩阵。

模型表述如下：假设 k 种资产收益率 r_t 的随机项 ε_t 服从均值为 0，协方差矩阵为 H_t 的多元 T 分布，即 $\varepsilon_t | I_t \sim T(0, H_t, v)$，$I_t$ 是 0 到 $t-1$ 期的信息集。

$$r_t = \mu_t + \varepsilon_t \tag{5.12}$$

$$H_t = \Sigma_t \cdot (v-2)/v = D_t \cdot R_t \cdot D_t \cdot (v-2)/v \tag{5.13}$$

$$R_t = diag\sqrt{Q_t} \cdot Q_t \cdot diag\sqrt{Q_t} \tag{5.14}$$

$$Q_t = (1 - \lambda_1 - \lambda_2) \cdot \overline{Q_t} + \lambda_1 \cdot \xi_{t-1} \cdot \xi_{t-1}' + \lambda_2 \cdot Q_{t-1} \tag{5.15}$$

其中，D_t 是 $k*k$ 维度的动态标准差矩阵，是由给资产收益率方差构成的对角矩阵，R_t 是动态条件相关系数矩阵，即

$$D_t^2 = \begin{bmatrix} h_{1t} & 0 & \cdots & 0 \\ 0 & \cdots & \cdots & 0 \\ \cdots & \cdots & \cdots & \cdots \\ 0 & 0 & \cdots & h_{nt} \end{bmatrix} \qquad R_t = \begin{bmatrix} 1 & \rho_{12,t} & \cdots & \rho_{1n,t} \\ \rho_{21,t} & 1 & \cdots & \rho_{2n,t} \\ \cdots & \cdots & \cdots & \cdots \\ \rho_{n1,t} & \rho_{n2,t} & \cdots & 1 \end{bmatrix}$$

其中，h_{it} 是单变量 GARCH 估计出的条件方差，ρ_{it} 是资产 i、j 在 t 时的相关系数。

Q_t 为 ε_t 的条件协方差矩阵，$\overline{Q_t}$ 是无条件协方差矩阵；ξ_t 是标准化的残差序列，即 $\xi_{t-1} = \varepsilon_{t-1} \cdot D_{t-1}^{-1}$，$\lambda_1$，$\lambda_2$ 为非负参数，且 $\lambda_1 + \lambda_2 < 1$ 保证标准化后的残差项的条件协方差矩阵正定并满足均值回复这一条件。当 $\lambda_1 = \lambda_2 = 0$ 时，DCC 模型退化为 CCC 模型，即板块间的相关系数是常数。

采用极大似然法对 DCC–GARCH 模型以联立形式估计，DCC 估计式中包括板块收益率及其标准化残差的 GARCH(1,1) 过程，并对股市、债市的标准化残差项进行自相关检验以保证模型拟合的充分性。模型估计采用 OxMetrics 软件。

2. 研究样本与描述性统计

选取沪深 300 指数、中小板指数、创业板指数计算主板、中小板、创业板的收益率。沪深 300 指数由沪深两市主板市场中规模、流动性排序前 300 的股票加权而得，基期为 2004 年 12 月 31 日，于 2005 年 4 月 8 日正式发布。中小板指数选取的是中小板市场规模和流动性前 100 的股票加权而得，基期为 2005 年 6 月 7 日。创业板指数选取的是创业板市场规模和流动性前 100 的股票加权而得，于 2010 年 6 月 1 日正式开始编制和发布。因此，样本期间从 2010 年 6 月 1 日到 2016 年 6 月 30 日，共计 1 447 个数据。数据来源为 Wind 金融终端。指数收益率根据式（5.7）计算。表 5–11 列出了主板、中小板、创业板收益率的统计性描述。

表 5–11　主板、中小板、创业板收益率的描述性统计

	均值	中位数	标准差	最小值	最大值	偏度	峰度	JB 统计量
主板	0.009	0.030	1.635	−9.154	6.499	−0.697	7.242	1232.807[***]
中小板	0.048	0.189	1.845	−8.654	6.289	−0.829	5.516	561.186[***]
创业板	0.070	0.217	2.217	−9.013	6.762	−0.621	4.448	225.248[***]

注：*** 表示在 1% 的水平内显著。

对比分析可知，主板、中小板、创业板收益率具有以下特征：①主板收益率均值、标准差、中值都小于中小板、创业板，创业板最高，体现了金融市场高风险、高收益的特征；②在最大值、最小值上，板块间并没有明显差异，板块收益率的偏度都为负，具有较长的左尾分布，说明各板块收益率会频繁地出现负收益或一些极大的损失；③JB 统计量表明，主板、中小板、创业板收益率序列都不是标准的正态分布，且主板收益率有着更强的尖峰特征，说明主板收益率更多地分布在均值和尾部区域，

出现偏离均值的极端收益率的可能性更大。

图 5-5 是主板、中小板、创业板的收益率走势图，上述特征也可以从收益率走势图中看出。此外，相比之下，2015 年之前收益率走势相对平稳，2015 年之后，收益率波动更为剧烈，其中创业板波动最大。

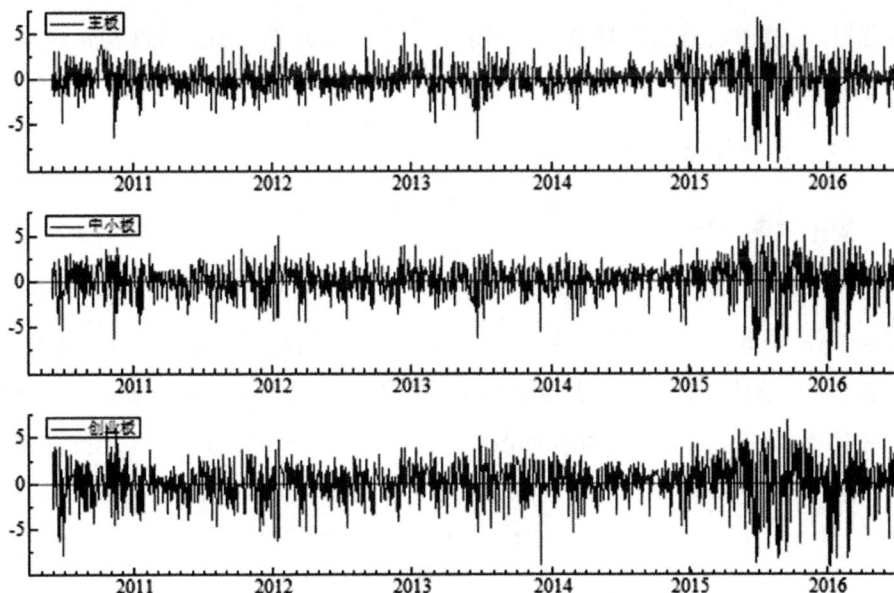

图 5-5　板块收益率时序图

为了避免伪回归问题，在模型估计前对板块收益率进行平稳性检验。采用 ADF 检验对收益率序列进行单位根检验，采取无趋势项、无常数项形式，结果表明板块收益率序列在 1% 的显著性水平内平稳。结果见表 5-12。

表 5-12　收益率的平稳性、自相关性、ARCH 效应检验

	ADF	$Q(20)$	$Q^2(20)$	ARCH(5)	ARCH(10)
主板	-11.326***	64.362***	665.625***	164.849***	173.994***
中小板	-10.558***	42.161***	871.628***	204.403***	212.067***
创业板	-10.565***	39.935***	824.585***	172.796***	191.115***

注：*** 表明在 1% 水平内显著；$Q(20)$、$Q^2(20)$ 分别是残差序列、残差序列平方 Ljung-Box 检验的 Q 统计量。

金融资产收益率往往存在序列自相关。采用滞后 20 期的 Ljung-Box Q 统计量对板块收益率序列进行自相关检验。在 1% 的显著性水平内，均拒绝了不存在序列自相关的原假设，说明收益率存在显著的自相关性。

收益率序列的 ARCH 效应检验有两种方法：一种是检验均值方程中残差序列平方的自相关性；另一种是对收益率序列进行 ARCH-LM 检验。由表 5-12 的 $Q^2(20)$ 统计量可知，残差中存在 ARCH 效应，滞后 5 阶和滞后 10 阶 ARCH-LM 检验也得到了同样的结果。

5.2.3　板块间溢出效应与相关性分析

1. 溢出效应分析

采用 VAR 和 DCC-GARCH 模型来估算板块间的收益率溢出和动态相关性。首先采用 VAR 模型，估计主板、中小板、创业板之间的收益率溢出效应，然后采用 DCC-GARCH 估计动态相关系数以获得板块收益率的波动相关性，最后采用 BEKK 计算跨期相关系数，以验证板块间的波动率溢出效应，并判断波动率溢出的方向。

收益率溢出效应估计。采用 AIC、SC、HQ、FPE 信息准则来确定 VAR 的最佳滞后阶数。在滞后 6 阶内，AIC、SC、HQ、FPE 的最佳滞后期的分别为滞后 6 期、1 期、6 期、6 期。根据大多数原则，选择滞后 6 期 VAR 进行估计。结果见表 5-13，模型估计后的特征根都在单位圆内，说明模型设定合理。从模型估计结果看：①主板收益率只受到自身滞后期的显著影响，滞后 1 期、4 期、5 期对当期的影响都显著为正，其他滞后期对当期影响为负，但不显著。②中小板收益率受到主板滞后 5 期、中小板滞后 5 期、创业板滞后 1 期的显著影响，也就是说主板对中小板的影响具有一周滞后的溢出效应。③创业板收益率受到主板滞后 5 期、中小板滞后 5 期、创业板滞后 1 期和滞后 2 期的显著影响，主板影响显著为正，中小板影响显著为负数，自身滞后期影响则有正有负，主板、中小板对创业板的影响也具有一周滞后的溢出效应。④主板、中小板、创业板之间存在不对称的收益率影响。具体说来，主板对中小板、创业板存在显著影响，而中小板、创业板对主板影响不显著，中小板和创业板相互影响，但是影响的方向和强弱不同。

表 5-13　VAR 系数估计结果

解释变量	主板		中小板		创业板	
	系数	t 值	系数	t 值	系数	t 值
常数	0.017	[0.406]	0.042	[0.875]	0.063	[1.098]
主板 (−1)	0.104**	[2.012]	0.009	[0.147]	0.022	[0.311]
主板 (−2)	−0.048	[−0.924]	−0.027	[−0.468]	−0.023	[−0.334]
主板 (−3)	−0.025	[−0.479]	−0.044	[−0.762]	0.003	[0.047]
主板 (−4)	0.090*	[1.728]	0.008	[0.137]	0.009	[0.133]
主板 (−5)	0.114**	[2.190]	0.225***	[3.858]	0.293***	[4.194]
主板 (−6)	−0.056	[−1.100]	−0.043	[−0.759]	−0.050	[−0.724]
中小板 (−1)	−0.155	[−1.589]	−0.064	[−0.586]	−0.209	[−1.588]
中小板 (−2)	0.056	[0.575]	0.112	[1.014]	0.154	[1.167]
中小板 (−3)	0.032	[0.328]	0.072	[0.651]	−0.068	[−0.512]
中小板 (−4)	−0.033	[−0.332]	0.014	[0.126]	−0.060	[−0.457]
中小板 (−5)	−0.142	[−1.453]	−0.283**	[−2.570]	−0.337**	[−2.553]
中小板 (−6)	0.021	[0.221]	0.093	[0.869]	0.165	[1.279]
创业板 (−1)	0.082	[1.290]	0.153**	[2.151]	0.256***	[3.001]
创业板 (−2)	−0.032	[−0.510]	−0.105	[−1.471]	−0.151*	[−1.768]
创业板 (−3)	−0.018	[−0.286]	−0.015	[−0.217]	0.074	[0.873]
创业板 (−4)	−0.008	[−0.132]	−0.001	[−0.019]	0.054	[0.632]
创业板 (−5)	0.048	[0.762]	0.108	[1.529]	0.108	[1.271]
创业板 (−6)	−0.038	[−0.607]	−0.040	[−0.573]	−0.077	[−0.924]

Log likelihood: −6404.457

注：***、**、* 分别表示在 1%、5%、10% 水平内显著；VAR 估计的特征根为 0.725、0.725、0.705、0.705、0.677、0.677、0.655、0.655、0.652、0.652 、0.646、0.643、0.643、0.572、0.572、0.483、0.483、0.229。

　　VAR 估数结果表明板块间收益率具有关联性，反映了板块间的局部动态关系。之后，用格兰杰因果检验来验证板块间收益率关联性是否具有因果关系。在确保 VAR 估计结果的稳定性后（18 个根均在单位圆内），接下来进行两两之间的格兰杰因果关系检验，检验结果可见于表 5-14。主板对中小板、创业板存在收益率溢出效应，而中小板、创业板对主板无收益率溢出效应，中小板和主板之间也不存在收益率溢出效应。可见主板在股票市场具有主导性，会直接或间接地影响到其他板块。这可能是因为相较于中小板和创业板，主板市场在影响力、市值规模、上市公司质量、成交量等方面强于其他板块。通常来说，市场规模大小和所蕴含的信息量多少具有正向关系，因此信息的流向（收益率溢出方向）是从主板到中小板、创业板。上证综指、深证成指一直是股票市场走势的最重要指标，体现其绝对的主导作用。

表5-14　格兰杰因果关系检验

原假设	F	P	结论
主板不是中小板的的格兰杰原因	2.353	0.029	拒绝
主板不是创业板的格兰杰原因	2.248	0.037	拒绝
中小板不是主板的格兰杰原因	1.367	0.225	接受
中小板不是创业板的格兰杰原因	1.198	0.305	接受
创业板不是主板的格兰杰原因	0.938	0.466	接受
创业板不是中小板的格兰杰原因	1.159	0.326	接受

2. 相关性分析

（1）非条件相关系数。

在计算板块收益率的动态相关系数和波动率溢出效应之前，首先计算出主板、中小板、创业板收益率之间的非条件相关系数。见表5-15。

表5-15　板块间非条件相关系数

	主板	中小板	创业板
主板	1		
中小板	0.818***	1	
创业板	0.683***	0.939***	1

注：*** 表示结果在1%水平下显著。

中小板和创业板相关性最高，主板和中小板的相关性其次，最低的是主板和创业板。这与现有研究和直观感受较为一致，因为中小板和创业板同属于深交所指数，具有天然高度相关性。非条件相关系数是静态的，只描绘了各板块收益率在样本期间的大致相关程度。接下来采用DCC-GARCH模型来分析主板、中小板、创业板之间的动态相关关系。

（2）动态相关系数。

从理论上来说，金融市场间的溢出效应体现在市场波动的相关性中，而大量研究表明市场间的波动关系是时变且非线性的，特别是在不同的市场行情、宏观经济状况下，金融市场间相关关系具有明显变化。因此，先运用 DCC-GARCH 模型估算板块间的动态相关系数来描述板块间的动态时变特征。动态相关系数估计分为两步：首先是估计单个收益率的波动率方程，而后用波动率方程中的标准残差序列估计收益率间的相关系数。

首先，关于条件方差的估计。GARCH(1,1) 模型能够很好地拟合收益率序列的波动性，采用此模型来分析主板、中小板、创业板收益率序列的条件方差，估计结果如表 5-16 所示。

表 5-16　条件方差估计结果

	ϖ	α	β
主板	0.029*	0.049***	0.939***
	[1.802]	[4.481]	[64.22]
中小板	0.032	0.044***	0.946***
	[1.434]	[3.472]	[50.24]
创业板	0.039*	0.041***	0.950***
	[1.685]	[4.340]	[70.54]

注：***、**、* 分别表示在 1%、5%、10% 水平内显著；[ ] 内是参数估计的 t 值。

系数估计结果中，$\alpha > 0$，$\beta > 0$ 且 $\alpha + \beta < 1$，符合 DCC-GARCH 的模型约束，估计是稳健的。GARCH 项（β）都显著且接近于 1，主板、中小板、创业板收益率存在明显的异方差现象，当期条件异方差受前期条件异方差的影响非常显著，表现出很强的波动聚集现象。GARCH 项系数远远大于 ARCH 项（α）系数，说明收益率的条件方差主要受到上一期的条件方差影响。

其次，关于动态相关系数估计。动态相关系数的估计结果在表 5-17，λ_1、λ_2 都不为零，且在 1% 内显著，说明模型设定合理，拟合能够说明板块间动态相关性。λ_1 说明滞后一期的板块收益率的标准化残差乘积对板块收益率间的动态相关系数影响显著，λ_2 显著且接近于 1，说明板块间的动态相关性具有很强的持续性。

表 5-17　DCC（1,1）参数估计结果

	λ_1	λ_2	ν
DCC(1,1) 参数	0.037***	0.956***	7.006
	[5.306]	[101.0]	[12.71]
Log likelihood：	-5868.719		

注：***、**、* 分别表示在 1%、5%、10% 水平内显著；[ ] 内是参数估计的 t 值。

根据各收益率序列的条件异方差及回归结果，可以计算出主板、中小板、创业板两两之间的动态条件相关系数，其走势如图 5-6 所示。主板、中小板、创业板市场间都存在正向的联动关系，曲线轨迹相似度很高，尤其是主板—中小板动态相关系数和主板—创业板动态相关系数走势表现出很高的相似度，只是数值上有差别，充分表现了板块间关联性的趋同性。从数值上来看，中小板和创业板市场的动态相关系数最高，在 0.8 和 1 之间，变化幅度较小，在 2010 年 11 月和 2011 年 5 月分别出现较大幅度跌落，并在 2016 年一直保持高度相关。主板和中小板市场的动态相关系数波动较大，尤其在 2014 年年末出现大幅度的下降，并在 2015 年年初快速回涨至高相关系数区间并保持到 2016 年年初，并在 2016 年上半年保持在最高水平区间。

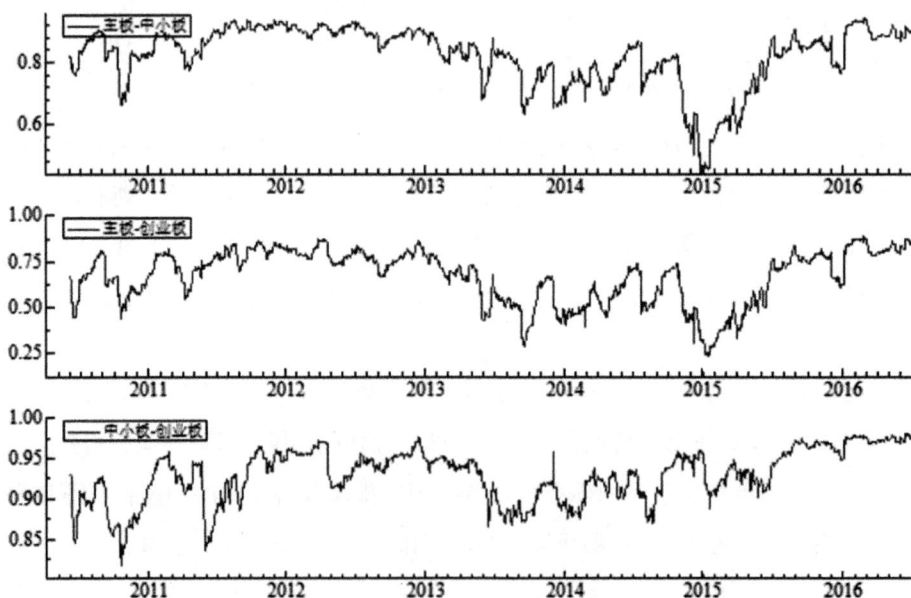

图 5-6　板块间动态相关系数走势

3. 波动率溢出分析

采用 DCC-GARCH 模型估计波动率的同期动态相关系数，能很好地展现主板、中小板、创业板之间的波动相关性，缺点是无法明确波动率的溢出方向。为此，将使用多元 GARCH 族模型中的 BEKK-GARCH（又称 BEKK）来明确估计出溢出效应的存在与否以及溢出方向，BEKK 的模型设计已在 5.1.2 具体介绍过。

根据 VAR 估计，此 BEKK 模型中的均值方程为 VAR(6)，已由前文给出估计结果，方差方程为

$$H_t = CC^T + A(\varepsilon_{t-1}\varepsilon_{t-1}^T)A^T + BH_{t-1}B^T \qquad (5.16)$$

其中，ε_t 为方程中的残差项，H_t 为 ε_t 在信息集下的条件方差和与协方差矩阵，下标 1、2、3 分别代表主板、中小板、创业板。C 为 3×3 的上三角矩阵，是常数项的参数估计；A、B 均为 3×3 矩阵，A 主对角项反映了波动的 ARCH 效应，非主对角项表示板块间的 ARCH 型波动率溢出；B 主对角项反映了波动的 GARCH 效应，非主对角项表示板块间的 GARCH 型波动率溢出。A、B、C 矩阵元素均为待估参数，共 24 个，其具体形式为：

$$A = \begin{bmatrix} a_{11} & a_{12} & a_{13} \\ a_{21} & a_{22} & a_{23} \\ a_{31} & a_{32} & a_{33} \end{bmatrix} \quad B = \begin{bmatrix} b_{11} & b_{12} & b_{13} \\ b_{21} & b_{22} & b_{23} \\ b_{31} & b_{32} & b_{33} \end{bmatrix} \quad C = \begin{bmatrix} c_{11} & c_{12} & c_{13} \\ 0 & c_{22} & c_{23} \\ 0 & 0 & c_{33} \end{bmatrix}$$

主板、中小板、创业板的波动来自两方面：①自身的残差项、对方的残差项以及相互影响，具体影响可通过观察矩阵 A 中 ARCH 项系数的显著性；②自身的前期波动、对方的前期波动以及相互影响，具体影响可通过观察矩阵 B 中 GARCH 项系数的显著性。

参数 a_{ii}、b_{ii} 体现了板块自身波动的持续性，如果 a_{ii}、b_{ii} 均为 0 或者不显著，说明板块自身前期波动对当期波动无影响。参数 a_{ij}、b_{ij} 体现了不同板块间的波动率溢出效应。当 $a_{21}=b_{21}=0$ 时，说明主板对中小板不存在显著的波动率溢出；当 $a_{31}=b_{31}=0$ 时，说明主板对创业板不存在显著的波动率溢出；当 $a_{12}=b_{12}=0$ 时，说明中小板对主板不存在显著的波动率溢出；当 $a_{32}=b_{32}=0$ 时，说明中小板对创业板不存在显著的波动率溢出；当 $a_{13}=b_{13}=0$ 时，说明创业板对主板不存在显著的波动率溢出；当 $a_{23}=b_{23}=0$ 时，说明创业板对中小板不存在显著的波动率溢出。

采用 wald 检验来测试系数的联合显著性，以检验波动率溢出效应是否存在。其 F 统计量服从自由度为 n 的卡分布，n 为受约束的参数个数。

同大多数研究一样，假设残差项服从正态分布。采用 Rats8 估计，估计迭代 293 次后收敛得到估计值[①]，为了检验模型估计的充分性，对标准化残差项及其平方进行了自相关检验，系数估计及检验如表 5-18 和表 5-19 所示。

表 5-18 BEKK 系数估计结果

待估矩阵	系数	t 值	系数	t 值	系数	t 值
C	0.129***	[4.806]	0.021	[0.742]	−0.073*	[−1.883]
	0		0.031	[1.112]	0.177	[3.086]
	0		0		−0.004	[−0.056]
A	0.229***	[8.292]	−0.084***	[−3.918]	−0.123***	[4.154]
	−0.014	[−0.338]	0.094***	[2.556]	−0.296***	[4.841]
	−0.072**	[−2.469]	0.044*	[1.901]	0.418***	[9.550]
B	0.984***	[154.38]	0.045***	[10.368]	0.058***	[8.501]
	−0.032***	[3.273]	0.986***	[210.157]	0.091***	[8.147]
	0.030***	[3.273]	−0.022***	[−7.393]	0.877***	[71.702]
Log likelihood：−5910.167						

注：***、**、* 分别表示在 1%、5%、10% 水平内显著。

表 5-18 的 BEKK 的估计结果显示，在条件方差方程中，a_{11}、a_{22}、a_{33}、b_{11}、b_{22}、b_{33} 参数估计值均在 1% 水平内显著且不为 0，板块收益率存在明显的 ARCH 效应和 GARCH 效应，说明主板、中小板、创业板收益率均存在波动聚集性；除了 a_{21}，其他参数估计值均在 5% 水平内显著，说明主板、中小板、创业板间的条件方差存在相互影响，表明板块间可能存在波动率溢出效应。表 5-20 为板块间的波动率溢出效应检验。

---

① 本章也估计了 T 分布下系数，结果表明系数的正负、大小与正态分布估计下的基本一致，而 T 分布系数出现不显著，于是只列出正态分布下的估计结果。

表 5-19　估计后标准化残差项检验

	$Q(20)$	$Q(30)$	$Q(40)$	$Q^2(20)$	$Q^2(30)$	$Q^2(40)$
主板	12.823	29.993	37.551	28.656	43.546*	49.011
	（0.885）	（0.466）	（0.582）	（0.102）	（0.058）	（0.157）
中小板	11.776	26.539	34.433	53.82	68.174***	71.460***
	（0.924）	（0.647）	（0.719）	（0.000）	（0.00）	（0.002）
创业板	16.588	27.224	34.954	28.155	38.562	44.814
	（0.680）	（0.612）	（0.670）	（0.106）	（0.136）	（0.277）

注：$Q(\ )$、$Q^2(\ )$ 是标准化残差项及其平方的 Ljung-Box 检验的 Q 统计量；（ ）是参数估计的 p 值；***、**、* 分别表示在 1%、5%、10% 水平内显著。

表 5-19 的模型检验显示，主板、中小板、创业板的标准化残差项在任何水平和滞后阶数下均拒绝了存在自相关的假设。标准化残差项平方的自相关检验中，大部分拒绝了存在自相关的原假设。

表 5-20　板块间波动率溢出效应检验

溢出方向	H_0	F	p	结论
主板→中小板	$a_{21}=b_{21}=0$	7.113	0.000	主板对中小板存在溢出
中小板→主板	$a_{12}=b_{12}=0$	55.765	0.000	中小板对主板存在溢出
主板→创业板	$a_{31}=b_{31}=0$	5.651	0.004	主板对创业板存在溢出
创业板→主板	$a_{13}=b_{13}=0$	37.037	0.000	创业板对主板存在溢出
中小板→创业板	$a_{32}=b_{32}=0$	34.017	0.000	中小板对创业板存在溢出
创业板→中小板	$a_{23}=b_{23}=0$	37.491	0.000	创业板对主板存在溢出

在任何显著性水平下，检验均拒绝了"不存在波动率溢出"的原假设，主板、中小板、创业板两两之间存在显著的波动率溢出效应，说明板块收益率的前期波动会显著影响其他板块收益率的当期波动。

波动率溢出反映系统间的风险传染，波动率溢出效应检验结果说明股票市场子系统间的风险溢出仍然存在。从数值上看，创业板对中小板的溢出（a_{23}，b_{23}）最强，其次是创业板对主板的溢出（a_{13}，b_{13}），最弱的是主板对中小板的溢出。创业板的风险外溢效应比较明显，这与创业板的市场微观结构相关。创业板市盈率、波动率要高于主板、中小板市场。从投资者构成来说，创业板主要面对对风险偏好高、追求高回报的投资者，因此具有风险高的天然属性。在与其他国家、地区的主板和创业板的比较中，也同样可以看到主板和创业板的差异。

5.3 本章小结

基于 VAR 与多元 GARCH 模型，本章通过讨论股市和债市间以及股市板块间的溢出效应特征，得出如下结论。

（1）股市和债市间存在显著的单向收益率溢出，即股市收益率会显著影响债市收益率，股市滞后 1—4 期对债市的影响为显著为负；虽然债市滞后 2 期对股市有显著为正且程度较大的影响，但整体来说债市对股市不存在收益率溢出。

（2）股市和债市间不存在显著的波动率溢出，两市表现出市场分割的特征，股市和债市间运行相对独立，从另一个角度来看，债市、股市出现的长期分割也是资本市场一体化程度低的体现之一。

（3）在股市和债市间的动态相关系数来看，动态相关系数的绝对值小，在 0 附近频繁波动，总体上来说两市相关性微弱，在大多数情况下，动态相关性均值为负，分散化投资可以较好地进行风险分散。

（4）股市板块之间存在不对称的收益率溢出，即主板对中小板、创业板有收益率溢出，但其他方向上不存在收益率溢出，并且，主板滞后 5 期对中小板、创业板当期都有显著的正向引导，板块间表现出协同效应。

（5）股市板块之间存在显著的双向波动率溢出，创业板对其他板块的溢出强度要大于方向上的溢出强度，最弱的是主板对中小板的溢出。创业板的风险外溢效应比较明显，说明创业板是股票市场内的风险主导板块。

（6）主板、中小板、创业板的动态相关系数走势相似度较高，在创业板推出初期，板块间动态相关系数波动较大，但随着创业板市场慢慢走向成熟，动态相关系数也逐步上升并趋于稳定。并在 2014 年下半年—2015 年年初的股市牛熊转换行情中，板块间的动态相关系数大幅波动，板块间风险传染强度经历了从增加到减少的过程。

股市与债市微观结构不同，两市的信息传递、风险传染机制各异。相较而言，股市仍然占据资本市场的主导地位，股市行情更容易受到资本市场参与者的关注，股市向其他市场的信息外溢更为明显，对债市收益率溢出显著就是佐证之一，股市理应成为资本市场的重点监管对象。在很长一段时间内，中国债市一体化程度低，银行间债券市场、交易所债券市场在交易期限、交易品种方面异化严重，投资者参与度活跃程度不够，债市处于相对平稳的波动区间，并未表现出显著的风险。长时间内，市场间、板块间并没有出现明显的联动效应和风险传染事件，从这个角度来看，中国资本市场系统稳定性良好。

综上所述，从收益率溢出和波动率溢出传递的信息来看，股市、债市之间信息传递效应良好，而风险传染特征不明显，意味着中国资本市场稳定性良好；主板、中小板、创业板之间的信息传递效应单边良好，而风险传染特征显著，股票市场一体化程度较高，还未充分体现出多层次股票市场的风险分散特征。

第6章　资本市场系统稳定性
预警指标体系研究：以股票市场为例

本书第三、四、五章分别从复杂网络结构、羊群行为与溢出效应的视角，讨论了资本市场系统稳定性的评估与监测，旨在通过对资本市场风险特征的分析与评价，明确市场监管方向，提高市场监管效率，引导市场健康创新发展。

但是，面对突发性的资本市场系统稳定性降低事件，监管部门的应对措施往往有限，而且难以取得预期效果。相反，有效的事前预警不仅可以揭示风险来源，而且有助于监管部门提前制定风险应对与处置措施，降低发生系统性危机的可能性与危害性。对监管部门而言，加强资本市场系统稳定性的事前预警具有重要的意义。

有鉴于此，本章采用信号法，构建股票市场系统稳定性的预警指标体系。主要包含以下四个步骤：一是构建待选指标阵列，指标主要来自宏观环境因素、市场结构因素与投资者行为三个方面。二是识别系统稳定性，为筛选最终的预警指标提供基础，参考 Heiberger（2014）将生物生态系统的 May-Wigner 稳定性定理，引入股票市场系统稳定性识别的研究，本章构建 m 指标对中国股票市场系统稳定性进行识别与判定。三是基于待选指标和识别指标，构建预警指标体系。围绕股票市场系统稳定性的识别结果，并从准确性与时效性等角度对单个指标的预警效力进行了比较。最后，针对单个预警指标预警效力不足、不同预警指标可能发出矛盾信号等问题，本章通过方差加权方法构建了综合预警指标，全面提取各单个指标的预警信息，以提高预警的准确性。

6.1　股票市场系统稳定性预警与监测待选指标阵列

通常来说，股票市场的平稳运行受到多方面因素的影响，包括宏观环境因素、市场结构因素和投资者行为等。每一方面的因素可细分为若干层级指标体系，每一层级指标又可细分为若干经济指标。为了选择股票市场系统稳定性的预警指标，我们必须充分考察各类指标对股票系统稳定性的影响。在此基础上，初步选择若干指标，构成待选指标阵列，为后续研究奠定基础。

6.1.1　宏观环境因素

环境是指某一特定主体周围一切的总和。这里的宏观环境因素主要是指作用和影响股票市场运行的一切外部因素，是股票市场平稳运行的基础条件。与自然界的生态稳定取决于生态环境因素一样，股票市场系统稳定性也取决于所有的宏观环境因素的稳定。良好的宏观环境为股票市场的参与者提供了充分的选择空间，对所有参与者的行为具有激励作用和约束功能，能有效地使其追求其自身利润最大化。宏观环境一旦陷入不稳定状态，必然影响股票市场的系统稳定性，使股票市场运行受到系统性冲击，严重时甚至会造成股票市场危机的爆发。

一般来说，宏观环境因素主要包括宏观经济、政治因素、法律因素。对于本书研究而言，政治因素与法律因素难以定量分析，暂不纳入研究范畴。因此，我们主要考察宏观经济环境对股票市场系统稳定性的影响。宏观经济环境是指股票市场所处的实体社会经济环境，包括国内经济与政策、国际金融市场传染两大类。

1. 国内经济与政策

（1）国内经济发展。

衡量国内经济发展水平的最佳指标是国内生产总值（GDP）及其增长速度。在国内经济增长持续稳定、公司经营环境改善、利润持续增长、投资者对未来预期良好的情况下，股票市场才有可能健康有序发展。由于 GDP 数据一般为季度或年度数据，数据频率过低且与本章所采用的数据频率不符，因此我们选择规模以上工业增加值（IP）及其增速、OECD 领先指数等变量替代 GDP 来反映中国的经济发展水平。

（2）物价指数。

常见的物价指数有消费者价格指数（Consumer Price Index，下文简称 CPI）和生产者价格指数（Producer Price Index，下文简称 PPI）。CPI 是选取一篮子消费品和劳务，以它们在消费者支出中的比例为权重来衡量的市场价格变动率，主要反映消费者支付商品和劳务的价格变化情况，CPI 与股市往往呈同向变动。PPI 又称工业生产者出厂价格指数，是根据制成品和原料的批发价格指数编制，反映包括原材料、中间品及最终产品在内的各种商品的批发价格的变动状况，是工业生产者（包括企业和个人）购买原材料的直接反映。PPI 上涨表明企业的生产成本提高，意味着企业和个人生产者能够获取的利润率空间受到压缩，所以 PPI 与股市往往呈反向变动。

但是，CPI 或 PPI 并不能单独作为股票市场系统稳定性的评估指标，还需要考察 CPI 减去 PPI 的差值。当 CPI 运行到最高位，而 PPI 运行到最低位时，CPI 减去 PPI 数值之差处于最大的正值状态，表明企业和个人生产者（包括产品与服务提供者）的利润空间处于最大状态，企业经济效率最高。此时，个人、机构和企业对股票的购买力往往最大，股市需求必然旺盛，有利于股指走高。当 CPI 运行到最低位，而 PPI 运行到最高位时，CPI 减去 PPI 数值之差处于最大的负值状态，表明企业和个人生产者（包括产品与服务提供者）的利润空间被压缩到极限，企业和个人生产者处于最困难时期，同时，个人、机构和企业的购买力（包括购买消费品与股票的购买力）处于最低的状态，公众对股市需求低迷，因而导致股指下行。

另外，采购经理指数（Purchase Management Index，下文简称 PMI）也是反映经济运行活动的重要评价指标之一，同样也被加入我们的待选指标阵列。

（3）货币供应量。

货币供应量，是指一国在某一时期内为社会经济运转服务的货币存量，它由包括中央银行在内的金融机构供应的存款货币和现金货币两部分构成。各国中央银行货币估计口径不完全一致，但划分的基本依据是一致的，即流动性大小。中国现行对货币层次的划分是：① M_0= 流通中现金；②狭义货币 M_1=M_0+ 可开支票进行支付的单位活期存款；③广义货币 M_2=M_1+ 居民储蓄存款 + 单位定期存款 + 单位其他存款 + 证券公司客户保证金。另外，还有 M_3=M_2+ 金融债券 + 商业票据 + 大额可转让定期存单等。

其中，M_1 和 M_2 是重要的流动性和经济活跃度指标。一般理论认为：M_1 增加，投资者信心增强，经济活跃度提高，资本市场有可能上涨；反之，M_1 减少，资本市场有可能下跌。而且，如果 M_1 增速大于 M_2，意味着企业的活期存款增速大于定期存款增速，企业和居民交易活跃，微观主体盈利能力较强，经济景气度上升；如果 M_1 增速小于 M_2，表明企业和居民选择将资金以定期的形式存在银行，微观个体盈利能力下降，未来可选择的投资机会有限，多余的资金开始从实体经济中沉淀下来，经济运行回落。因此，M_1 和 M_2 的增速之差可以作为影响股票市场运行的重要指标。

（4）融资融券余额。

融资融券交易，又称证券信用交易或保证金交易，是指投资者向具有融资融券业务资格的证券公司提供担保物，借入资金买入证券（融资交易）或借入证券卖出（融券交易）的行为。作为发达成熟资本市场中一项不可或缺的证券交易机制，融资融券能够有效降低市场波动，增加市场流动性，有利于改变资本市场"单边市"状况，为投资者提供规避市场风险的工具。中国自 2010 年 3 月 31 日起开始 A 股市场融资融券交易试点，首批试点标的股票为 90 只，后经多次有序扩容，到 2016 年 8 月 31 日已达到 879 只，约占沪深两市 A 股上市公司总数的三分之一，并且融资融券交易量也在迅速攀升。

融资融券交易目前在中国仍处于发展阶段，相关交易总量在整个股票市场交易中所占的比重还较小，但融资融券交易的推出结束了中国股票市场没有卖空机制的历史，对股票市场的发展产生了不容忽视的影响。2015 年上半年股市的繁荣以及突如其来的股灾，虽然是各种因素共同作用的结果，但融资融券交易是重要推手之一。

2. 国际金融市场传染

（1）国际资本市场指数。

随着金融全球化的不断发展，世界各国、各地区在金融业务、金融政策等方面相互交往和协调，相互渗透和扩张，相互竞争和制约。金融全球化使得全球金融活动和风险之间联系日益紧密，金融业务和金融机构跨地区发展，国际资本大规模流动，金融活动规则也逐步国际化。金融市场化是把双刃剑，金融市场化（自由化）为该国金融体系带来了金融深化与创新、资本市场的繁荣，同时也使得金融市场尤其是资本市场也更易受到外界冲击。

中国资本市场也未能幸免，由于交易机制不健全、以中小投资者构成为主，更容易受到国际资本市场的冲击和影响。因此，考虑到国际资本市场对中国资本市场尤其是股票市场的溢出效应，指标阵列中将加入国际主要资本市场指数情况，如美国的道琼斯指数、香港的恒生指数、日本的日经 225 指数等。

（2）汇率。

对外贸易作为中国经济的三驾马车之一，是中国经济稳定发展的重要动力。美国长期作为全球大部分国家的最大贸易伙伴国，也曾连续多年是中国的最大贸易伙伴国，美元是全球贸易的重要影响因素之一。国际常用美元指数的变化来衡量美元价格的波动。美元指数（US Dollar Index，下文简称 USDX）是综合反映美元在国际外汇市场汇率情况的指标，用来衡量美元对一揽子货币的汇率变化程度。它通过计算美元和对选定的一揽子货币的综合的变化率，来衡量美元的强弱程度，间接反映出美国的出口竞争能力和进口成本的变动情况。从根本上来说，美元指数是一系列汇率的加权指数，最终反映出美国与其主要贸易货币的自由兑换货币的强弱。美元指数上涨，说明美元与其他货币的的比价上涨，即美元升值。又因为国际上主要商品大多以美元计价，指数上涨意味商品价格下跌。大宗商品价格下跌提升了本国货币的购买力，但对进出口行业的冲击比较复杂，与该国贸易依存度、经济结构有关。另外，经济合作与发展组织（Organization for Economic Cooperation and Development，下文简称 OECD）编制的"实际有效汇率指数"也能有效反映本国货币的价格波动，因此也被选入指标待选阵列。

6.1.2　金融市场结构因素

金融市场结构及其调整过程是影响金融稳定的重要因素，金融市场结构失衡引起金融体系动荡，甚至会引发金融危机。与资本市场尤其是股票市场系统稳定性密切相关的金融市场结构，主要包括融资结构、市场层次结构和金融工具结构三方面。具体的衡量指标有反映融资结构的"直接融资比重"，反映股票市场层次结构的主板、中小板、创业板市场占比，反映金融工具结构的"股票市值 /GDP"、"股债比"、"流通市值 /M_2"等。具体的，我们用以下四个指标来说明金融市场结构对股票市场市场稳定性的影响。

1. 直接融资比重

简单来讲，融资方式可分为直接融资和间接融资。直接融资通常指股票和债券融资，间接融资通常指银行贷款。直接融资和间接融资的比例关系反映一国的金融结构，也可反映两种融资方式对实体经济的支持和贡献程度。常用的直接融资比重指标是增量法，指每年新增非金融企业直接融资（股票和债券）占新增社会融资规模的比重。这也是人民银行提出"社会融资规模"概念后，在《金融业发展和改革"十二五"规划》中所使用的统计口径，其计算公式为：

$$直接融资比重 = \frac{非金融企业股票融资 + 企业债券}{社会融资规模} \times 100\%$$

增量法计算的直接融资比重反映了短期内直接融资在社会融资总规模中所占的比重，能反映中国融资结构在短期内的情况。但直接融资比重也存在缺陷，比如不能反映金融存量结构，且国际数据可得性较差，难以进行国际比较。

2. 股 债 比

按照交易的金融工具不同，金融市场可以被划分为不同的子市场，如票据市场、股票市场、债券市场、衍生品市场等。由于中国金融衍生品尚处于起步阶段，还未形成具有影响力的市场，因此，本书主要考虑股票市场和债券市场之间的市场结构问题，将二者的市值比例称为"股债比"指标，其计算公式为

$$股债比 = \frac{月末股票市场市值}{月末债券托管量} \times 100\%$$

3. 流通市值 $/M_2$ 比率

资金的流动性极大影响了股票市场的表现，股票市场的流通市值与 M_2 的比例能够比较方便地反映出股票市场的流动性。

4. 创业板市场占比

作为资本市场的重要组成部分，中国创业板市场自创立以来，在中国的股票市场体系中发挥着愈发重要的作用。创业板市场不仅丰富了企业（尤其是高科技企业）上市融资的渠道，也为投资者提供丰富的优质资产，为中国多层次资本市场建设打下了牢固的基础。创业板市场的存在，有利于增强股票市场的流动性，有利于增强股票市场防范风险的能力，有利于股票市场的稳定。指标"创业板市场占比"，是指创业板市场的市值占整个 A 股市场市值的比重，反映了创业板市场的发展规模情况。

6.1.3 投资者行为

行为金融学认为，金融市场中的投资者并非"完全理性人"，由于结构层次不同、认知过程偏差和心理方面等原因，投资决策过程中投资者并不能很好的遵从最优决策模型，投资者的许多非理性行为使得市场出现如红利之谜、封闭式基金之谜、一月效应、小盘股效应等有效市场假说无法解释的异象。中国股票投市场以中小投资者（又称"散户"）为主，非理性投资行为更加明显。投资者交易行为对对股票市场表现更为明显，因此，有必要将投资者行为纳入影响资本市场系统稳定性的指标阵列中去。本书主要从投资者结构、投资者情绪两个角度考察投资者行为对市场的影响。

1. 投资者结构

股票市场投资者可分为机构投资者和中小投资者。一般来说，中小投资者由于资金持有量不高、投资相对分散、投资方向具有随机性，对股票市场影响能力有限，机构投资者则由于金额大、数量多对市场运行产生较大影响。但中国的实际情况与成熟资本市场存在较大差异，中国中小投资者无论是在数量还是在持股市值上均占有绝对的优势，其交易行为对股票市场的影响不容忽视，因此需要考虑到市场投资者结构变化的影响。可供选择的指标有：中小投资者和机构投资者的数量占比、中小投资者和机构投资者的投资规模占比等。

2. 投资者情绪

投资者情绪是指投资者对未来预期的系统性偏差，它反映了市场参与者的投资意愿和对市场走势的预期。在经济活动中，情绪是个不确定也难以测量的因素，它是投资者对未来收益的主观判断，而这种主观判断具有很强的传染性，会极大影响其他投资者。当大多数投资者情绪一致且形成合力时，会对市场形成不可预期的影响。投资者情绪对未来市场波动的影响主要在于对市场中的正面消息、负面消息通过传播，会被逐步放大，引发正反馈效应。国内外学者衡量投资者情绪的指标有"封闭式基金平均折价率"、"IPO首日收益率"、"市场平均换手率"等，实证研究中，既有采用单一指标的，也有构建组合指标的。

综合考虑到上述多个角度的影响因素，对各级指标进行层层分解后，初步选择

39 个预警指标构建指标阵列，具体见表 6-1。各指标数据来源于中国国家统计局、中国人民银行、上海证券交易所、中国证券监督管理委员会等官方网站，和国泰安（CSMAR）、锐思数据（RESSET）等专业数据库，以及雅虎财经（financ.yahoo.com）等财经门户网站。我们根据各指标与上证综合指数之间的相关系数来简单判断各指标的属性，据此发现 OECD 领先指数为"逆指标"，这一结论虽与金融理论并不一致，但一定程度上能反映出中国股票市场现状，中国股票市场还无法作为经济的"晴雨表"，其更多地受政策和市场信息的影响。

表 6-1　预警指标待选阵列一览表

一级指标	二级指标	三级指标	四级指标
宏观环境	国内经济与政策	国内经济发展	工业增加值及其增速、固定资产投资增速、发电量同比增速、OECD 领先指数
		物价指数	CPI、PPI、CPI-PPI、PMI
		货币供应	M_0、M_1、M_2、M_1 增速、M_2 增速、M_1 与 M_2 增速之差、实际利率
		融资融券交易	融资融券余额
	国际金融市场传染	国际资本市场指数	道琼斯指数、标准普尔指数、恒生指数、日经指数、伦敦金融时报指数
		汇率	美元指数、实际有效汇率指数
金融市场结构		融资结构	直接融资占比、间接融资占比
		层次结构	主板、中小板、创业板市场占比
		工具结构	股债比流通市值与 M_1 之比
投资者行为		投资者结构	中小投资者持股占比、机构投资者持股占比、中小投资者数量占比、机构投资者数量占比
		投资者情绪	封闭式基金平均折价率、IPO 首日收益率、市场平均换手率、ISI 投资者情绪指数

6.2　基于 m 指标的股票市场系统稳定性识别

生态系统的稳定性通常分为两个方面：抵抗力稳定性和恢复力稳定性。抵抗力稳定性指的是一个生态系统承受外界冲击的能力，如果一个生态系统的物种种类越多、种群数量越大、生态资源越丰富，那么它对抗外界冲击的能力就越强。恢复力稳定性是指一个生态系统被外界冲击破坏之后恢复到原来状态的能力。借鉴生态系统稳定性研究，Heiberger（2014）提出 m 指标用于识别股票市场的系统稳定性状态。

本章将以中国股票市场为样本，通过构建 m 指标对中国股票市场系统稳定性进行综合计量，为构建股票市场系统稳定性的预警与监测，提供指标阵列。

6.2.1 m 指标的思想方法与计量框架

在 Wigner（1959）的基础上，在生态系统中的稳定性和复杂性关系研究中，May（1972）分析了变量数目很大的复杂巨系统，在极限情况下从稳定性突然向不稳定转变的临界点情况。假设系统包含 n 个变量，比如生态系统中的变量是相互作用的物种，这些变量服从非线性的一阶微分方程。当该系统达到均衡时，稳定性可以写成

$$d\mathbf{x}/dt = \mathbf{A}\mathbf{x} \tag{6.1}$$

其中，在一个生态系统中，x 是相互作用的物种 x_j（$j=1,2,...n$）构成的 $n \times 1$ 阶列向量。A 是 $n \times n$ 阶相互作用矩阵，A 中的元素 a_{jk} 表示系统达到均衡时物种 k 对物种 j 的影响。由营养网络结构图分析可知，当没有网络连接时，$a_{jk}=0$；且物种之间相互作用的类型决定了 a_{jk} 的大小和正负号。

May（1972）假设每一个物种本身都具有密度依赖或其他的稳定形式，因此，当均衡受到扰动时，它将以某种特定的衰减时间回归均衡。为设定一个时间尺度，May 将该衰减时间归一化，即 $a_{jj}=-1$。随后，物种间的相互作用"开启"，且假定每一个这样相互作用的单位是等可能地为正或负，其绝对值由某个统计分布给定。为简单起见，May（1972）假定矩阵中的每一个元素都服从均值为 0 和均方差 α 的随机分布，α 可视为平均相互作用强度，简单地说：

$$A = B - I \tag{6.2}$$

其中，B 是一个随机矩阵，I 是一个单位矩阵。这样，我们得到一个无标度的模型，每一个相互作用矩阵单位的特定选择都可以独立地从随机分布中导出。经过比较复杂的推导，May（1972）提出了 May-Wigner 稳定性定理。

May-Wigner 稳定性定理：假设矩阵 B 是一个具有 $n^2C(0<C<1)$ 个随机分布非零项的 $n \times n$ 阶的矩阵，其中的每一个元素均独立的方差为 α^2 的对称分布。$P(\alpha,n,C)$ 是使得式（6.1）在 0 处达到均衡时的概率水平。令微小常数 $\varepsilon > 0$，随着 $n \to \infty$，如果 $\alpha^2 nC < 1-\varepsilon$，则有 $P(\alpha,n,C) \to 1-\varepsilon$；反之，随着 $n \to \infty$，如果 $\alpha^2 nC > 1-\varepsilon$，

那么 $P(\alpha, n, C) \to 0$。

这一定理是生态学中的复杂巨系统达到均衡时系统稳定性的基础，并且指出了系统由稳定向不稳定转变的临界水平。May et al.（2008）将该定理应用到银行生态系统的研究之中，Heiberger（2014）则进一步将该定理应用于股票市场网络研究，提出了股票市场系统稳定性计量的 m 指标。本章将应用该指标研究中国资本市场（以股票市场为代表）的系统稳定性。

为了计量 m 指标，我们需要构建一个合适的股票网络。从股票交易的真实数据，如股票的收盘价、收益率或交易量，股票网络将每个股票视为一个结点（node），股票与股票之间的相关关系视为连接（link）或边（edge），相关系数是边的权重，股票市场中的所有股票及其相关关系构成一个股票网络。

假设两只股票 i 和 j，如果股票 i 的价格变动引起股票 j 的价格变动，则它们之间的影响关系由 i 指向 j。反之，它们的影响关系由 j 指向 i。假设股票 i 在某一时刻 t 的价格为 $P_i(t)$，$R_i(t)$ 表示股票 i 在该时刻的对数收益率，即

$$R_i(t) = \ln P_i(t) - \ln P_i(t-1) \qquad (6.3)$$

$Q_{ij}^t(\tau)$ 表示在 t 时刻股票 i 在时间窗 τ 内对股票 j 的相关系数，计算公式为

$$Q_{ij}^t(\tau) = \frac{\left\langle R_i(t) R_j(t+\tau) \right\rangle - \left\langle R_i(t) \right\rangle \left\langle R_j^{\Delta t}(t+\tau) \right\rangle}{\sqrt{\left\langle R_i(t)^2 \right\rangle - \left\langle R_i(t) \right\rangle^2} \sqrt{\left\langle R_j(t+\tau)^2 \right\rangle - \left\langle R_j(t+\tau) \right\rangle^2}} \qquad (6.4)$$

其中，$\langle \cdots \rangle$ 为统计平均，即

$$\left\langle R_i(t) \right\rangle = \frac{1}{n} \sum_{t=1}^{n} R_i(t) \qquad (6.5)$$

通过计算，可得到任意两只股票之间的相关系数而得到一个相关系数矩阵 $Q^t(\tau) = (Q_{ij}^t(\tau))_{N \times N}$。

分析相关系数矩阵的取值，可知 $Q_{ij}^t(\tau)$ 的值在 -1 和 1 之间，即 $-1 < Q_{ij}^t(\tau) < 1$。如果 $Q_{ij}^t(\tau) > 0$，说明股票 i 对股票 j 的影响为正，股票 j 的价格会向着股票 i 价格变动的方向波动。如果 $Q_{ij}^t(\tau) < 0$，则股票 i 对股票 j 的影响为负，股票 j 的价格波动方向与股票 i 价格变动方向恰好相反。如果 $\left| Q_{ij}^t(\tau) \right| < \left| Q_{ji}^t(\tau) \right|$，则认为股票 i 和 j 的相互影响关系是从 j 流向 i，在股票网络上即意味着一条从节点 j 到节点的有向边。如果

$\left|Q_{ij}^{t}(\tau)\right| > \left|Q_{ji}^{t}(\tau)\right|$，则认为股票 i 和 j 的相互影响关系是从 i 流向 j，在股票网络上建立一条从节点 i 到节点 j 的有向边。如果 $\left|Q_{ij}^{t}(\tau)\right| = \left|Q_{ji}^{t}(\tau)\right|$，说明股票 i 和 j 之间的影响是对等的，在有向网络中没有连边。

为了缩减股票网络的规模，需要利用某个阈值来选取股票之间的连边。这里，我们采用 Tse et al.（2010）的"赢者通吃（winner-take-all）"方法，边的选择准则是股票之间的相关系数只有当高于某个阈值时才被选择。那么，在某个时刻 t 股票网络的选择准则为

$$Q_{ij}^{t}(\tau) > |z| \tag{6.6}$$

相比于其他的缩减技术，这样的选择准则具有两个优点：一是确保股票网络不会丢失重要的信息，如果高相关性的节点落在被缩减的图形内，最小生成树和平面图方法会移除连边，以使连边自适应网络的拓扑条件；二是股票网络中的节点数不是事先确定的，即没有固定的上限，这对于生态类比和 May-Wigner 稳定性定理是特别重要的。

其次，根据 May-Wigner 稳定性定理，股票网络达到稳定的条件是

$$m = \sqrt{nC}\,a < 1 \tag{6.7}$$

其中，n 是股票网络的规模，是网络中的股票数量；a 是网络中的平均相关系数，即股票网络中所有相关系数的平均值；C 是股票网络的聚集系数，反映了股票网络中节点聚集程度。具体来说，假设股票网络中的某个节点 i 有 k_i 条边与之相连，则这 k_i 条边对应的 k_i 个节点均称为它的邻居节点。显然，在这 k_i 个节点之间最多只可能有 $k_i(k_i-1)/2$ 条边，而实际上在这 k_i 个节点之间存在的边数为 E_i。那么，节点 i 的聚集系数被定义为与之相连的邻居节点之间实际存在的边数 E_i 与所有可能存在边数的比值，即 $C_i = 2E_i/[k_i(k_i-1)]$。同理，股票网络的聚集系数 C 就是所有节点 i 的聚集系数的平均值，即

$$C = \frac{1}{n}\sum_{i=1}^{n} C_i \tag{6.8}$$

式（6.7）是对已知的生态多样性和稳定性之间关系的挑战。May（1972）认为，当网络连接过于丰富（即 nC 太大）或平均相互作用强度过于大（即 a 太大）时，都会导致生态系统的不稳定。May（1972）也可以从另一个角度来解释复杂性和稳定性

之间的关系，增加网络的复杂性，会降低系统的稳定性。这种关系广泛存在于生态网络、小世界网络以及动态网络之中，这对于我们研究现实中的股票网络也非常重要。

由 May-Wigner 稳定性定理可知，m 值的大小能够很好地度量股票市场系统稳定性。因此，我们将该指标定义为 m 指标，即 $m = \sqrt{nC}\alpha$。通过上述分析，我们可以确定 m 指标计算的基本步骤如下：

（1）选择成分股。构造股票网络时，最基本的问题是成分股的选择。基于股票交易连续性的考量，剔除连续若干个月停牌交易的股票，选择了上证综指的 274 只成分股作为来构造股票网络，样本期间为 2005 年 2 月 1 日—2016 年 8 月 31 日，共有 2 676 个交易日，采用股票的每日收盘价计算对数收益率数。数据收集自国泰安（CSMAR）股票市场数据库。并且，计算这 274 个股票每月的平均收盘价（Average Closing Price，即 ACP）作为上证综指的替代指数。

（2）设置时间窗。为了研究股票市场系统稳定性的动态特征，我们将所有 274 只股票所构成的数据集划分为 M 个月，定义为 $t = 1, 2, \cdots, M$，每个月的时间窗宽度为 τ（即在每一时间窗内的每日收益率数量）。时间窗部分重叠，将以 $\delta\tau$ 的长度向前移动，$\delta\tau$ 设置为 1 个月内的交易日，通常取一个月有 21 个交易日，这符合 Onnela（2003）所提供的选取标准。通过比较不同时间窗口下的分析结果，本章选择结果是 1 年的窗口（即 $\tau = 250$），$\delta\tau = 21$，整个样本期内共有 128（2676/21）个月。

（3）计算相关系数。根据式 (6.4) 的计算，我们可以得到在时间窗 τ 内股票 i 和 j 的相关系数 $Q_{ij}^t(\tau)$ 和相关系数矩阵 $Q^t(\tau) = (Q_{ij}^t(\tau))_{N \times N}$，以及 $N(N-1)/2$ 个相关系数。

（4）设定阈值 z。股票网络的构建离不开阈值 z 的设定，不同的阈值选择的股票之间的边（edge）数量不同，在分析股票网络的拓扑性质时也会发生偏差。吴翎燕、韩华和宋宁宁（2013）认为当阈值为 0.657 时，股票网络的拓扑性质最稳定。因此，我们将 z 设定为 0.657，构建 $z = 0.657$ 下的股票网络。

（5）计算 m 指标。在第 t 月内，通过构造股票网络，我们可以得到股票网络的一些参数，如股票网络中的股票数量 n、平均聚集系数 C 和平均相关系数 a，进而根据式（6.7）计算在该时间窗内的 m 指标数值。通过变动月份 t 的取值，我们可以得到一系列的 m 指标值。

6.2.2 基于 m 指标的系统稳定性分析

通过上一小节的步骤计算，我们可以得到不同月份下的 m 指标数值，并与每月的平均收盘价进行对比，对比如图 6-1 所示，显示了我们将 May-Wigner 稳定性定理应用于中国股票市场的结果。

当 $m<1$，则股票市场处于稳定状态；当 $m>1$，则股票市场偏离了稳定状态。并且，在样本期内，我们认为股票市场存在三个稳定期，分别是 2006 年 1 月—2007 年 7 月、2009 年 3 月—2012 年 7 月、2013 年 3 月—2014 年 11 月。我们也可以将样本期划分为与上一节类似的三个阶段，各阶段均包含一个稳定期和一个不稳定时期。这为我们监测股票市场的稳定性提供了一个参考指标。

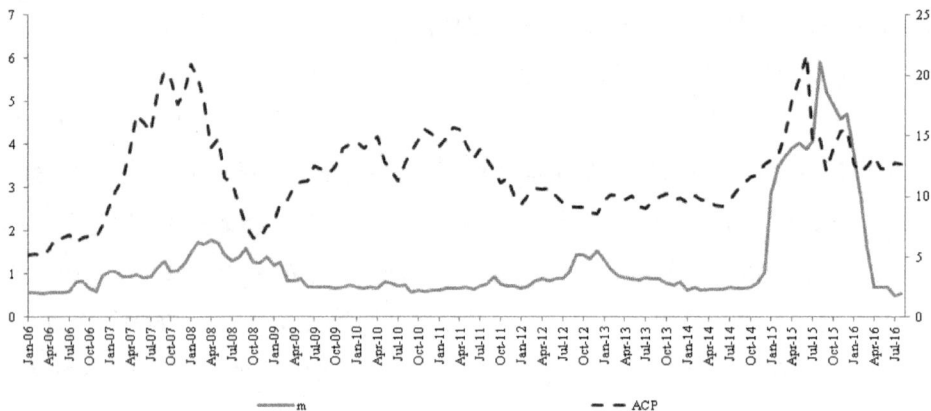

图 6-1　m 指标与平均收盘价（ACP）对照图

在 2007 年股市开始复苏，m 值有所增加，随着次贷危机扩散至中国，股价跌至最低点，m 值也快速增长到第一个高峰；随后的一年间，经济有所缓和，股市慢慢上涨，m 值有所缩减。在 2010 年和 2011 年，中国股市陷入熊市区间，m 值趋于平缓，但由于不利消息的影响，股市在 2013 年至 2014 年上半年陷入恐慌，m 值却远离 May-Wigner 稳定条件，显示了股市的不稳定性。2014 年下半年—2015 年 4 月，股市开始反弹，m 值显示股市进入短暂的稳定期；但随后半年，随着监管部门清理场外配资等政策的实施，股价骤然下跌，m 值直接站上了最高峰，股市变得极不稳定，甚于次贷危机时期。因此，我们也可以认为，m 指标在危机期间快速的增长而在牛市时明显的缩减，在长久的熊市期内趋于平缓。

6.3　资本市场系统稳定性预警与监测指标体系的构建

Kaminsky et al.（1998）提出了货币危机预警的信号分析法，在理论研究和实际监管中获得了广泛应用。信号分析法的核心思想是挑选与危机发生有较大关联的变量作为货币危机的预警指标，并根据其历史数据确定一个安全阈值以确定危机信号。当某个指标的阈值在某个时点或某段时间被突破，就意味着该指标发出了一个危机信号，危机信号发出越多，表示某一个国家在未来一段时间内爆发危机的可能性越大。本章将通过分析待选指标的有效性，筛选出构建资本市场系统稳定性预警与监测的指标。

6.3.1　有效性分析的基本原理

预警指标的有效性是指通过检验噪音信号比的大小，来判断预警指标的预警能力。当噪音信号比越小，说明预警指标对货币危机的预警能力越好。预警指标发出危机信号后的 24 个月内发生货币危机，则认为该信号是"好信号（good signal）"；若预警指标虽然发出危机信号，但在随后的 24 个月内并没有发生货币危机，则该信号是"坏信号（false signal）"，或叫"噪音（noise）"。对于单个指标而言，其噪音判别可以根据表 6-2 中的情况来量化。

表 6-2　单个指标的噪音判别表

	24 个月发生危机	24 个月未发生危机
发出信号	A	B
未发出信号	C	D

其中，A 表示指标发出危机信号，且在随后 24 个月内发生危机的月份数；B 表示指标发出危机信号，但在随后的 24 个月内未发生危机的月份数；C 表示指标未发出危机信号，反而在之后的 24 个月内发生了危机的月份数；D 表示指标未发出危机信号，在之后的 24 个月确实没有发生危机的月份数。在 KLR 模型中，Kaminsky et al.（1998）提出了四种噪音信号比率的计算方法。A/(A+C) 表示指标发出有效信号

的概率；B/(B+D) 表示指标发出失效（噪音）信号的概率。Kaminsky et al.（1998）将 (B/(B+D))/(A/(A+C)) 定义为调整的噪音信号比。对于单个预警指标，其噪音信号比越小，表明其预警危机的效果越好，同时也说明该指标越有效。A/(A+B) 表示有效信号占所有预警信号的比率，有效指标的辨别条件还包括 (B/(B+D))/(A/(A+C)) 必须小于 A/(A+B)。有效的指标将用于预警货币危机，而被确定无效的指标将被剔除。在实际操作中，KLR 信号分析法存在以下两点争议之处。

一是危机的确定。Kaminsky，Lizondo & Reinhart（1998）将货币危机定义为一个国家因遭受货币攻击而出现的该国货币大幅贬值或国际储备大幅下降的状态。他们构建了一个外汇市场压力指数来量化货币危机，该指数是加权后的汇率月变动百分比和国际储备月变动百分比的平均，即

$$I_t = w_t \times \frac{\Delta e_t}{e_t} - (1 - w_t) \times \frac{\Delta R_t}{R_t} \tag{6.9}$$

其中，I_t 表示第 t 月外汇市场压力指数，e_t 为第 t 月汇率，I_t 表示第 t 月国际储备。货币贬值越多、国际储备损失越多，外汇市场压力指数降低的幅度越大。当 $I_t > \bar{I} + 3\sigma_t$ 时，则认为该国在第 t 月爆发了货币危机。外汇市场压力指数能够简便地量化货币危机，据有很强的可操作性，可以比较直观地判断该国是否爆发了货币危机，但是危机的确定需要结合实际情况。

二是信号区间和指标阈值的确定。在 KLR 模型中，当某一预警指标在某个未来时间点或某个时间段超出了某个临界值（阈值），那么认为该指标发出一个预警信号，预示未来某段时间内可能发生危机。这个未来时间段通常被称为信号区间，Kaminsky，Lizondo & Reinhart（1998）将其设定为 24 个月，并在模型中将指标阈值设定为某个百分位数，且不唯一。实际操作中，针对某个指标，我们可以尝试多个百分位数，寻找使噪音信号比最小的临界值作为指标的安全阈值。对于不同的指标，其安全阈值也不尽相同。这无疑加大了 KLR 模型的操作量，且具有很大程度的主观性。

抛开一些主观性的缺陷，在预警指标上，KLR 模型仍不失为一个较好的模型。判断指标有效性的研究比较系统，也直观、容易理解。因此，在没有更好预警指标可用的情况下，我们仍采用 KLR 方法来检验初选指标的有效性。

6.3.2　指标有效性的检验

在进行检验之前，我们首先要明确以下几个问题：

（1）股票市场系统稳定性的确定。依据前文的研究，我们根据 m 指标来确定股票市场的系统稳定性。当 $m<1$ 时，认为股票市场处于稳定状态，否则，认为股票市场处于不稳定状态。

（2）信号区间的确定。不同于货币市场和外汇市场，股票市场的价格波动幅度更大，交易更加活跃，而危机带来的影响和持续时间则相对较短。因而，我们将信号区间确定为 12 个月。如果预警指标发出预警信号，而股票市场确实在未来的 12 个月内处于不稳定状态，则该信号为"好"信号。预警信号的其他设定参照表 6-3。

表 6-3　最终确定的指标体系一览表

一级指标	二级指标	三级指标	指标代码	是否有效	最佳噪音信号比
宏观环境因素	国内经济发展	OECD 领先指数	X1	是	0.0753
		CPI–PPI	X2	是	0.4186
	货币供应	M_1 与 M_2 同比增速之差	X3	是	0.3924
	融资融券	融资融券余额	X4	是	0.3461
	对外贸易	美元指数	X5	是	0.2093
市场结构因素	工具结构	股债比	X6	是	0.0819
		流通市值与 M_2 之比	X7	是	0.1256
	层次结构	创业板市场占比	X8	是	0.2961
	融资结构	直接融资比重	X9	是	0.2691
投资者行为	投资者结构	个人投资者持股占比	X10	是	0.2473
	投资者情绪	投资者情绪指数	X11	是	0.2691

（3）安全阈值的确定。针对每一个预警指标，我们都要计算其 5% 至 20% 的每一个百分位数，并据此判断预警信号以及和危机信号的关系，分别计算 A、B、C 和 D 的值，从而计算并比较每个百分位数对应的噪音信号比，最小的噪音信号比对应的百分位数即预警指标的安全阈值。

（4）有效指标的判断依据主要有两条，一是调整的噪音信号比 (B/(B+D))/(A/(A+C)) 最小，二是调整的噪音信号比小于 A/(A+B)。

其次，代入数据资料，对初步选择的预警指标分别做有效性检验。我们以 OECD 领先指数为例，来简要说明预警指标有效性的检验过程：第一，计算 OECD 领先指数的百分位数，确定指标发出信号的区间。第二，根据 m 指标确定股票市场所处的状态，$m<1$，代表稳定状态，标记为"0"；否则，标记为"1"。第三，代入指标数据，判断指标在不同时间是否发出信号。第四，判别噪音情况，计算 A、B、C、D 的数值，计算噪音信号比率。第五，重复以上步骤，计算不同百分位数下的噪音信号比率。最后，选择最小的噪音信号比率作为最佳噪音信号比，所对应的百分位数为该指标的安全阈值。检验结果见表 6-4。

表 6-4　综合评价指数有效性分析结果表

安全阈值		12 个月内不稳定	12 个月内稳定
	发出信号	A=25	B=1
20%	未发出信号	C=56	D=42
对应区间	最佳噪音信号比		
	$\dfrac{A}{A+C}$	$\dfrac{B}{B+D}$	$\dfrac{B/(B+D)}{A/(A+C)}$	$\dfrac{A}{A+B}$
（97.92,102.38）	0.3086	0.0233	0.0753	0.9615

同样的，我们对其他指标进行了检验，按照最佳噪音信号比的大小排序，最终确定最佳噪音信号比最小的 11 个指标作为预警指标，构成指标体系。结果见表 6-4。

6.4　综合评价指数的合成

由于股票市场系统稳定性受到金融生态环境、金融体系、股票市场和投资者等多方面因素的影响。单个先行指标的恶化并不必然导致股票市场系统稳定性的降低，而且不同指标可能出现发出相互矛盾的预警信号，因此难以依据某个单一指标来预警和监测股票市场系统稳定性，而有必要综合各指标的预警信息。

本节采用的等方差加权方法（Variance-equal Weight Method）来构建中国股票市场系统稳定性的综合评价指数，基本方法和步骤如下：

第一步，基础数据的处理。

本书共选取了 11 个基础指标组成股票市场系统稳定性的评估指标体系。由于各指标具有不同的量纲，以及各指标的正逆属性，因此我们需要先对基础数据进行标准化处理。对于逆指标，本书采用倒数形式改变其性质，从而使所有指标对股票市场系统稳定性的作用力趋于一致。

第二步，权重的确定。

根据等方差加权方法，综合考虑基础指标的潜在影响合成而来。合成该指数的公式如下：

$$CEI_t = \sum \omega_{it} \times \left(\frac{X_{it} - \overline{X}_{it}}{\sigma_i} \right) \tag{6.10}$$

其中，CEI_t 为第 t 期的综合评价指数；ω_{it} 为第 t 期第 i 变量的权重；X_{it} 为第 t 期第 i 个基础变量的取值，$\overline{X}_{it}$ 为第 t 期第 i 个基础变量的中长期趋势值；σ_i 为第 i 个基础变量的标准差；$(X_{it} - \overline{X}_{it})/\sigma_i$ 为第 t 期基础变量 X_{it} 对其中长期趋势的偏离程度，反映了基础变量偏离长期均衡的金融压力大小。

因而，当基础变量都达到长期均衡时，$CEI_t=0$，金融生态环境与股票市场均达到理想中的绝对稳定状态，这与传统经济金融理论相符合。当 $CEI_t>0$，说明大部分基础变量超过其长期趋势，有经济过热的迹象，CEI_t 值越大，经济过热的可能越大，可能会有泡沫的产生，经济有下行甚至泡沫破灭的危险，股票市场的系统稳定性越差；当 $CEI_t<0$，说明大部分变量低于其长期趋势，经济处于衰退状态，CEI_t 的绝对值越大，意味着经济已经或将进入谷底，未来有反转的可能，虽然股票市场的稳定性仍然较差，但未来将逐渐趋于稳定。

从概率统计的角度出发，股票市场的系统稳定性反映了股票市场作为一个系统在面临系统性冲击时快速回复的能力。$|CEI_t|$ 的值越小，说明当期的股票市场稳定性越高，即使受到外部冲击，股票市场能够快速恢复稳定。因而，若 $|CEI_t| \leq 1.96$，则认为股票市场处于稳定状态，且有 95% 的置信度保证；若 $|CEI_t| > 1.96$，则认为股票市场处于不稳定状态，且有较大概率发生危机。

由于融资融券业务于 2010 年 3 月 31 日开始试点，发展迅速且成为中国股市不可忽视的一项交易，因此，我们首先截取 2010 年 4 月—2016 年 8 月的数据进行分析。根据上述步骤，我们在整理基础数据后，运用 Eviews 软件进行了主成分分析，结果如表 6-5 所示。

表 6-5　评估指标体系的主成分分析结果

主成分顺序	特征值	贡献率	累计特征值	累计贡献率
1	5.880338	0.5346	5.880338	0.5346
2	2.558084	0.2326	8.438422	0.7671
3	1.256114	0.1142	9.694536	0.8813
4	0.63455	0.0577	10.32909	0.939
5	0.261128	0.0237	10.59021	0.9627
6	0.1909	0.0174	10.78111	0.9801
7	0.096268	0.0088	10.87738	0.9889
8	0.060152	0.0055	10.93753	0.9943
9	0.031467	0.0029	10.969	0.9972
10	0.022568	0.0021	10.99157	0.9992
11	0.00843	0.0008	11	1

由表 6-5 可知，前三个主成分对 11 个指标的解释能力达到了 88.13%，第 1 主成分的解释力也达到 53.46%，因此，我们选用第 1 主成分的各指标得分作为权重构建综合评价指数，具体权重见表 6-6。

表 6-6　评估指标体系的各指标权重表

指标代码	基础指标	权重
X_1	OECD 领先指数	0.3692
X_2	CPI–PPI	0.1849
X_3	M_1 与 M_2 同比增速之差	0.1228
X_4	融资融券余额	0.3817
X_5	美元指数	0.3642
X_6	股债比	0.3054
X_7	流通市值与 M_2 之比	0.3162
X_8	创业板市场占比	0.3003
X_9	直接融资比重	0.1874
X_{10}	个人投资者持股占比	0.3364
X_{11}	投资者情绪指数	0.3226

由图 6-2 可见，绝对稳定状态（即 CEI_t 为零）是难以维持的，而且绝对稳定与现实情况并不相符，因为绝对稳定同时意味着股票价格将不再变动或波动很小，反而使股市失去了吸引力，无法发挥投融资属性的作用，对经济发展不利。因此，相

对稳定状态更加重要，既能保证股票市场的活力，又使经济处于相对可控状态，政府和监管部门可以通过市场手段调整经济发展和股票市场的稳定运行。

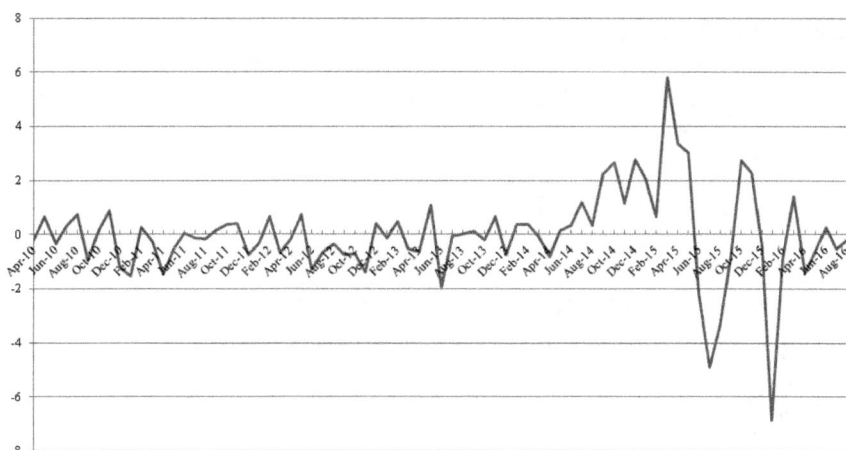

图 6-2　样本期内的综合评价指数走势图

同样的，我们利用 KLR 信号分析法分析综合评价指数 CEI_t 的有效性。与第三节所述的方法与步骤一致，分析 CEI_t 的有效性，结果如表 6-7 所示。

表 6-7　综合评价指数有效性分析结果表

安全阈值		12 个月内不稳定	12 个月内稳定
	发出信号	$A = 9$	$B = 1$
8%	未发出信号	$C = 32$	$D = 35$
对应区间	噪音信号比率			
	$\dfrac{A}{A+C}$	$\dfrac{B}{B+D}$	$\dfrac{B/(B+D)}{A/(A+C)}$	$\dfrac{A}{A+B}$
$(-1.967, 2.324)$	0.2195	0.0278	0.1265	0.9

分析结果显示，当安全阈值为 8%，对应的综合评价指数 CEI_t 的数值在（−1.967,2.324）区间内时，噪音信号比达到最小，CEI_t 的预警效果最好。信号区间的选择与前文的论述基本保持一致，当 CEI_t 发出信号，预示股票市场未来可能会处于不稳定状态时，在 12 月内 m 指标必然会大于 1，股市确实处于不稳定状态，这在 2015 年股灾期间得到验证，即 $A=9$。2012 年 12 月—2013 年 4 月，正值欧债危机持

续发酵、国内经济调整，中国股票市场对未来前景担忧所致，m 指标大于 1，显示股票市场的系统稳定性在减弱，有发生危机的可能，而此时的 CEI_t 没有发出信号，这是导致 $C=32$ 的主要原因。但总的来说，CEI_t 是一个比较准确的预警中国股票市场系统稳定性的有效指标。

6.5 本章小结

以中国股票市场为研究对象，本章采用信号法讨论了系统稳定性预警指标体系的构建。首先，从宏观经济因素、市场结构因素与投资者行为三个方面，初步筛选预警指标阵列，包括近 40 个指标。其次，基于 m 指标方法，对股票市场系统稳定性进行了识别与判断，为预警指标指标体系的构建筛选出有效指标。第三，从准确性与时效性等角度对单个指标的预警效力进行了比较，通过计算不同百分位数下的噪音信号比，选取了噪音信号比最小的 11 个指标作为预警指标，包括 OECD 领先指数、CPI 与 PPI 之差、M_1 与 M_2 同比增速之差、融资融券余额、美元指数、股债比、流通市值与 M_2 之比、创业板市场占比、直接融资比重、个人投资者持股占比、投资者情绪指数。最后，针对单个预警指标预警效力不足、不同预警指标可能发出矛盾信号等问题，本章通过方差加权方法构建了综合预警指标指数 CEI_t，能够比较好地提取各单个指标的预警信息，提高了预警的准确性，实证结果也表明 CEI_t 具有较好的预警效力。

第 7 章　资本市场系统重要性金融机构评估：以证券公司为例

2007—2008 年国际金融危机爆发前，全球主要经济体均奉行"太大而不能倒"的危机监管理念，即通过避免大型金融机构的倒闭来遏制风险的大范围扩散。但是国际金融危机的经验表明，系统性危机的源头与载体不再局限于传统的"太大而不能倒"机构，那些网络关联性强、业务复杂性高、影响涉及面广的金融机构同样可能将其内部的风险通过各种渠道传染到其他机构，进而危及整个金融与经济体系的稳定与安全。

面对系统性危机来源多样化的新特征，监管机构与学术界从功能主义的视角出发，客观权衡"太大而不能倒"监管理念的利弊得失，提出了"系统重要性金融机构（Systemically Important Financial Institutions，下文简称 SIFIs）"的新概念。根据IMF、BIS 和 FSB 的定义，SIFIs 指在金融市场中承担了关键功能、其倒闭可能给金融体系造成损害并对实体经济产生严重负面影响的金融机构。进一步地，FSB 将 SIFIs区分为系统重要性银行、系统重要性非银行金融中介、系统重要性基础设施等。

SIFIs 的识别与评估是 SIFIs 监管的首要问题。对于资本市场而言，证券公司不仅是重要的中介机构，也是主要的机构投资者。伴随着证券行业创新发展的不断深入，证券公司业务规模不断扩大，业务复杂性也不断加深，证券公司的健康发展对资本市场系统稳定性具有举足轻重的影响。鉴于此，本章将根据中国证券公司的行业特征和发展动态，构建中国系统重要性证券公司的评估指标体系，并结合指标法和熵值法，考察系统重要性证券公司的动态特征。

7.1 系统重要性金融机构的评估指标体系

SIFIs 的评估方法可以分成两大类：市场法和指标法。市场法主要包括条件在险价值法（Adrian & Brunnermeier，2007）、边际期望损失法（Acharya et al.，2010）与 SRISK 法（Brownlees & Engle，2012）等，其利用市场数据来测度单个金融机构的系统重要性程度，因而市场法往往局限于上市金融机构。

指标法则通过考察金融机构的关键指标评估其系统重要性。相比市场法，指标法的可操作性更强。在 FSB、IMF、BIS、巴塞尔委员会（Basel Committee on Banking Supervision，下文简称 BCBS）、国际保险监督协会（International Association of Insurance Supervision，下文简称 IAIS）、国际证监会组织（International Organization of Securities Commissions Organization，下文简称 IOSCO）等国际金融组织的推进下，SIFIs 的评估指标得到了广泛一致的认可，并分别针对银行业、保险业、非银行非保险金融机构的不同特征形成了其各自的分级指标体系。

由于中国上市证券公司的数量较少，市场法的评估结果并不理想。因此，本章拟采用指标法评估系统重要性证券公司。

7.1.1 系统重要性证券公司的基本特征

IOSCO 于 2014 年 1 月发布《非银行非保险全球系统重要性金融机构评估方法意见稿》（以下简称意见稿），文中提出了与银行、公司保持一致的方法来评估非银行非保险金融机构的系统重要性。2014 年 4 月，中国证券业协会发布了《中国证券发展规划纲要 2014–2020（讨论稿）》（以下简称纲要），提出了系统重要性证券公司应该具备"两大四高"特征，即规模大、影响力大，同行业关联性高、行业集中度高、综合化程度高、国际化程度高。

根据 IOSCO 意见稿和中国证券业协会纲要中的要求，参考巴曙松和高江健（2012）、周强（2014）的研究，结合中国现阶段证券公司的实际情况，从规模性、关联性、复杂性、可替代、市场信心五个方面建立识别中国系统重要性证券公司的评估体系。

（1）规模性。规模大、影响力大是证券公司系统重要性的重要特征。规模大意味着证券公司的总资产、管理客户的资产规模总量大，在行业内位居前列，其发生危机时引起的潜在损失高，对证券业的冲击也大；影响力大指证券公司的市场影响力大，在抗风险能力上具有稳定行业的作用，对金融稳定具有重大影响。

（2）关联性。金融机构的关联性是风险传染的重要渠道，陷入困境的证券公司会通过金融网络将风险传染至其他金融机构，从而威胁到金融体系的稳定。关联性表现为与其他金融机构业务合作密切、资金往来频繁、分支机构数量众多等。参照银行业的评估体系，选取金融机构间资产、金融机构间负债和杠杆率来反映关联性。

（3）可替代性。证券公司的可替代性表现为其作为资本市场服务中介时的业务规模，其核心业务规模越大、市场份额越高，意味着该证券公司的可替代性越低，越具有系统重要性。选取证券经纪业务收入、投资银行业务收入、资产管理业务收入来表征证券公司的可替代性，数值越高，可替代性越低。

（4）复杂性。对证券公司而言，复杂性表现在业务的创新上，业务类型或组织结构越复杂，其陷入困境时对其他金融机构或对整个资本市场的冲击也就越大。选取证券公司融资融券规模、股票质押式回购规模和约定式购回规模等创新型业务来反映复杂性。

（5）市场信心。SIFIs 的国际监管框架还包含金融机构的全球影响力指标，中国证券公司的国际化程度还很低，因此借鉴 Bramer & Gischer（2012）研究，将市场信心纳入评估 SIFIs 的指标体系中去。参考巴曙松和高江健（2012）对中国银行业的处理方式，选取证券公司的股东数和机构持股比例作为市场对证券公司的信心程度，股东户数可反映证券公司陷入困境时对社会影响的波及范围，机构持股比例可反映市场成熟投资者对证券公司的盈利预期和信心程度。

7.1.2　指标和权重的确定

根据 SIFIs 的国际监管框架，选择规模性、关联性、可替代性、复杂性、市场信心这五方面作为一级指标，结合中国系统重要性证券公司的特征和数据的可得性，确定二级指标。具体的评估指标如表 7-1 所示。

表7-1　系统重要性证券公司的评估指标

一级指标	二级指标	说明
规模性	营业收入	反映了证券公司的规模力和影响力
	总资产	
	净资本	
关联性	金融机构间资产	交易性金融资产、衍生金融资产、买入返售金融资产、存出保证金、结算备付金之和
	金融机构间负债	短期借款、拆入资金、交易性金融负债、衍生金融负债、卖出回购金融资产款、应付债券之和
	杠杆率	总资产 / 净资产
可替代性	经纪业务收入	值越大，说明越不可替代，系统重要性程度越高
	投资银行业务收入	
	资产管理业务收入	
复杂性	融资融券余额	证券公司最主要的创新业务和信用业务
	股票质押式回购规模	
	约定式购回规模	
市场信心	股东户数	对于非上市证券公司，依据规模性指标对其进行插值处理匹配
	机构投资者持股比例	

本章采用熵值法来确定各项指标的权重。在信息理论中，熵是对不确定性的度量，因此，某个事件的随机性可以通过指标的离散程度、熵的特性来判断。指标的离散程度大，其对总指标的影响就越大，权重也就越高。与其他权重赋值方法相比，熵值法更加客观、科学，减少了人为赋值的主观性。假设有 m 个证券公司，n 个二级指标，第 i 个证券公司第 j 个指标的原始数据值为 X_{ij}，计算权重的步骤：

（1）标准化指标。为了消除二级指标由于单位不统一引起的误差，采用极差法（Min–Max Standardized Method）进行标准化，标准化后的值为 x_{ij}，则

$$x_{ij} = \frac{X_{ij} - \min(X_{1j}, X_{2j}, ... X_{mj})}{\max(X_{1j}, X_{2j}, ... X_{mj}) - \min(X_{1j}, X_{2j}, ... X_{mj})} \quad (7.1)$$

（2）计算指标差异系数。先计算二级指标的熵值，而后根据熵值计算差异系数，则

$$\begin{cases} e_j = -\dfrac{1}{\ln n} \sum_{i=1}^{m} x_{ij} \ln(x_{ij}) \\ g_j = 1 - e_j \end{cases} \quad (7.2)$$

其中，e_j 为第 j 个指标的熵值；g_j 为差异系数，数值越大，说明在整个评估体系中，该指标占用的权重应该越大。

（3）确定指标权重。w_j 为二级指标在总评估中的权重系数，则

$$
\begin{cases}
w_j = \dfrac{g_j}{\sum\limits_{j=1}^{n} g_j} \\
\sum\limits_{j=1}^{n} g_j = 1
\end{cases}
\qquad (7.3)
$$

最后，根据指标和熵值法计算出的权重可计算出第 i 个证券公司的系统重要性证得分 s_i，则

$$
s_i = \sum_{j=1}^{n} x_{ij} w_j
\qquad (7.4)
$$

7.1.3　样本选取

以证券公司公布的 2015 年财务报表为基准，选取沪深交易所上市的 23 家、香港交易所上市的 3 家及虽没有上市但总资产排在前 35 的 14 家，总共 40 家证券公司①。40 家样本公司占证券业总资产的 83.53%，净资本的 83.56%，营业收入的 80.18%，足以覆盖证券业的系统重要性情况。数据来源为 Wind、国泰安数据库。

参考现有文献中的处理方式，根据总资产规模，对未上市的 14 家证券公司的股东户数、机构投资者持股比例两个指标进行均值式插值处理。除此之外，约定式购回交易自 2013 年开通，投资者参与度不高，交易并不活跃，尤其在 2015 年上半年，交易频率非常低，达披露要求的交易只有 7 笔，其他小规模、未达披露要求的交易数据无从获得。由于大部分证券公司没有此项数据，因此只保留融资融券规模、股票质押式回购规模复杂性的两项二级指标。

---

① 样本为中信证券、海通证券、国泰君安、广发证券、华泰证券、招商证券、中国银河、申万宏源、国信证券、光大证券、东方证券、方正证券、兴业证券、长江证券、中金公司、东吴证券、东北证券、东兴证券、国元证券、西南证券、西部证券、国金证券、国海证券、山西证券、太平洋证券、中原证券、中信建投、中国中投、中泰证券、安信证券、平安证券、财通证券、华融证券、信达证券、浙商证券、华西证券、中银国际证券、长城证券、渤海证券、国开证券。其中，后 14 家为未上市证券公司，安信证券是国投安信的全资子公司，国投安信于 2015 年 10 月 29 日由纺织业变更为资本市场服务业，所以在上市证券公司样本中不包括国投安信，将安信证券列为未上市证券公司一类。

7.2　系统重要性证券公司的评估结果

7.2.1　评估结果

根据前文的评级指标和公式，可计算出 40 家证券公司的系统重要性得分，表 7-2 列出了总分排名前 20 的证券公司得分及各项指标具体情况。可以看出，证券公司的系统重要性得分与规模性的相关性非常高，得分最高的的中信证券规模性排名第一。FSB 认为规模是银行系统重要性的最关键特征，巴曙松和高江健（2012）、赵海蕾等（2015）运用指标法测度 SIFIs 的结果也显示，规模是影响 SIFIs 排名最主要的因素。

表 7-2　2015 年证券公司系统重要性评估前 20 家

排名	证券公司	规模性	关联性	可替代性	复杂性	市场信心	得分
1	中信证券	**0.2037**	0.1494	**0.2232**	0.1376	0.1418	**0.8557**
2	海通证券	0.1725	**0.1523**	0.1146	0.1365	0.0852	0.6611
3	广发证券	0.1315	0.1273	0.1466	0.1195	0.1021	0.6271
4	华泰证券	0.1162	0.1255	0.1069	0.1204	0.0909	0.5599
5	国泰君安	0.1514	0.1021	0.1536	0.0912	0.0497	0.5479
6	申万宏源	0.1022	0.1052	0.0986	0.0976	0.0765	0.4801
7	招商证券	0.0844	0.1062	0.1041	0.0873	0.0959	0.4779
8	中国银河	0.1056	0.0810	0.0791	0.0736	0.1139	0.4531
9	国信证券	0.0926	0.0707	0.0955	0.0837	0.0934	0.4361
10	中信建投	0.0536	0.0794	0.0865	0.0571	0.1072	0.3839
11	光大证券	0.0617	0.0527	0.0648	0.0573	0.0999	0.3364
12	东方证券	0.0528	0.1059	0.0520	0.0293	0.0513	0.2912
13	兴业证券	0.0277	0.0734	0.0536	0.0315	0.0958	0.2821
14	方正证券	0.0346	0.0454	0.0341	0.0356	0.1145	0.2642
15	长江证券	0.0231	0.0654	0.0279	0.0430	0.0973	0.2566
16	中泰证券	0.0382	0.0379	0.0395	0.0613	0.0737	0.2507
17	安信证券	0.0382	0.0769	0.0463	0.0326	0.0517	0.2457
18	华融证券	0.0117	0.1114	0.0199	0.0267	0.0689	0.2387
19	中金公司	0.0183	0.0515	0.0550	0.0036	0.0865	0.2149
20	信达证券	0.0092	0.0641	0.0200	0.0139	0.0958	0.2029

注：对各指标中得分最高者进行了加粗。

为了更好地识别各指标与得分之间的相关性，计算了各指标和得分的相关系数，以找出在系统重要性监管时最需要关注的几个指标。从表 7-3 中可以看出，证券公司的系统重要性得分与规模性的相关性最高，相关系数高达 0.9610，其次是可替代性和关联性，体现了 SIFIs"大而不倒"、"太关联而不倒"的负外部性特征。可替代性与规模性的相关性也很高，这与中国证券公司主营收入中以经纪、投资银行、资管三大业务为主相关，2015 年，证券业这三大业务收入占比均值高达 66%。证券业的业务创新不够、业务同质性高也是其中原因之一。规模性与可替代性、关联性、复杂性间的高相关系数，说明证券公司的规模变大时，其他指标值也增大，系统重要性得分也增大。

表 7-3　五大指标与得分之间的相关系数

	规模性	关联性	可替代性	复杂性	市场信心	得分
规模性	1					
关联性	0.7978	1				
可替代性	0.9564	0.7676	1			
复杂性	0.9528	0.8043	0.9036	1		
市场信心	0.4598	0.3468	0.5131	0.4812	1	
得分	0.9610	0.8466	0.9560	0.9509	0.6395	1

7.2.2　系统重要性证券公司聚类分层

与中国银行业四大国有银行独大的状况不同，证券业呈现出不一样的行业分层特征。为了识别系统重要性证券公司以及可能发展成为系统重要性的证券公司，采用系统聚类对样本进行分层分析[①]，将 20 家证券公司分为系统极为重要性、系统重要性、系统相对重要性、潜在系统重要性四大类，结果见表 7-4。

表 7-4　2015 年 20 家证券公司聚类分层情况

层次	类别	证券公司	家数
一	系统极为重要性	中信证券	1
二	系统重要性	海通证券、国泰君安、广发证券、华泰证券	4
三	系统相对重要性	招商证券、申万宏源、中国银河、国信证券、光大证券、中信建投	6
四	潜在系统重要性	东方证券、兴业证券、方正证券、长江证券、中泰证券、安信证券、华融证券、中金公司、信达证券	9

---

① 采用组间连接法，距离计算为欧式平方距离，经过 9 步聚类而得。

在第一类系统极为重要性证券公司中，仅有中信证券一家，且得分数值与第二类系统重要性证券公司保持一定距离，除了复杂性，中信证券其他4项一级指标均位列第一；除杠杆率、经纪业务收入、机构持股比例之外，其他10项二级指标也均列第一，这说明中信证券在保持规模优势时其他方面也均衡发展。

在第二类系统重要性证券公司中，海通证券、国泰君安、华泰证券、广发证券得分差距不大，一级指标和二级指标高低互现，说明这四家证券公司在行业中所处地位相近，业务竞争激烈。在第三类系统相对重要性证券公司中，申万宏源由于合并重组在规模性、可替代性上后来居上，其他4家证券公司各具优势，中国银河、国信证券在创新型业务上领先，招商证券凭借上市时间长在市场信心指标上排名靠前，光大证券发展全面且均衡。在第四类潜在系统重要性证券公司中，出现了3家未公开上市的公司（中泰证券、华融证券、信达证券），这3家证券公司可能会随着证券业的快速发展注资上市，成为系统相对重要性证券公司。东方证券由于上市年限短，股东户数和机构持股比例都被低估，排名偏低，预计在后续评估中排名将会提高。

样本中另外20家证券公司，其规模处于行业中间水平，业务份额和市场占有率处于竞争最为激烈的区间，对此类证券公司的监管应重在对其业务操作的合规性方面，谨防其出于抢占市场份额的竞争目的，而又由于公众关注度不高出现违规性操作，成为资本市场系统不稳定性的来源。

7.3　系统重要性证券公司的动态分析

7.3.1　系统重要性证券公司动态排名

为了动态评估系统重要性证券公司，我们选取前几年的数据进行对比分析。由于融资融券于2010年试点，首批试点证券公司只有6家；股票质押式回购于2013年试点，首批具有营业资格的公司只有9家；综合2015年总得分、规模性、数据可得性，我们选取了2015年评估中排名前20的证券公司，计算其2012—2014年的系统重要性情况，以分析近3年来证券业的动态变化。由于部分证券公司上市时间晚，无法获得计算市场信心指标所需数据，因此只计算了4项指标。为了保持一致性，我们也对 2015 年不包含市场信心的得分重新计算。

表 7-5 列出了 2012—2015 年排名前 10 的系统重要性证券公司。中信证券连续排名第一，成为近四年来最为重要的系统重要性证券公司，从各分项指标中可以看出，中信证券在规模性、可替代性上都占有绝对优势地位，这也是中信证券的资产规模和业务规模所决定的。2012—2015 年，海通证券、国泰君安、华泰证券、广发证券稳居证券业第二至五名，而从具体指标来看，海通证券发展均衡，不同时期发展重点不同，2012—2015 年分别在可替代性、规模性、复杂性、关联性具有相对优势；国泰君安则相对稳健，具有规模优势，复杂性得分不高，创新业务、信用业务规模不及其他三家；广发证券规模性一直高于华泰证券，而复杂性上华泰证券则一直高于广发证券，关联性、可替代性上两者则不分上下，这说明广发证券具有规模优势，其总资产、净资本绝对值也一直大于华泰证券，而在创新业务上华泰证券则更具优势，其在融资融券交易、股票质押式回购交易的规模在 2012 年、2014 年、2015 年均高于国泰君安。

表 7-5　2012—2015 年前 10 家系统重要性证券公司

	中信证券	海通证券	国泰君安	广发证券	华泰证券	招商证券	申万宏源	中国银河	国信证券	中信建投
2012	1	2	3	4	5	6	10	9	7	8
2013	1	3	2	5	4	8	9	7	6	11[①]
2014	1	2	3	5	4	7	10	6	8	9
2015(4)	1	2	4	3	5	7	6	9	8	10
2015(5)	1	2	3	4	5	6	7	8	9	10

注：① 2015(5) 是综合规模性、关联性、复杂性、可替代性、市场信心 5 大指标的排名，2015(4) 是不包含市场信心的 4 大指标的排名；② 2012 年、2013 年、2014 年均为不包含市场信心指标的排名。

国泰君安和海通证券以规模性取胜，而华泰证券和广发证券则比较注重新业务的挖掘，在 2014 年和 2015 年分别大力发展了融资融券、股票质押式回购等信用业务。2015 年，广发证券和华泰证券的融资融券余额规模分别为 753.31 亿元和 660.82 亿元，高于海通证券（606.59 亿元）和国泰君安（651.84 亿元）；在股票质押规模上，

---

① 2013 年，光大证券排名第十。

华泰证券（136 631.85 亿元）和广发证券（114 300.42 亿元）也都远高于国泰君安（71 719.44 亿元），略低于中信证券（158 688.79 亿元）。值得注意的是申万宏源的排名，由前 3 年的第十上升到 2015 年的第六，这是因为申万宏源于 2015 年由原先的申银万国吸收合并宏源证券而成，在规模、业务等方面有了快速提升。其他 4 家证券公司也各具优势，皆为系统重要性证券公司。

7.3.2　系统重要性证券公司动态聚类分析

同样，采用组间连接、欧式平方距离的系统聚类法对 2012—2015 年前 10 家系统重要性证券公司进行聚类分层，结果见图 7-1。

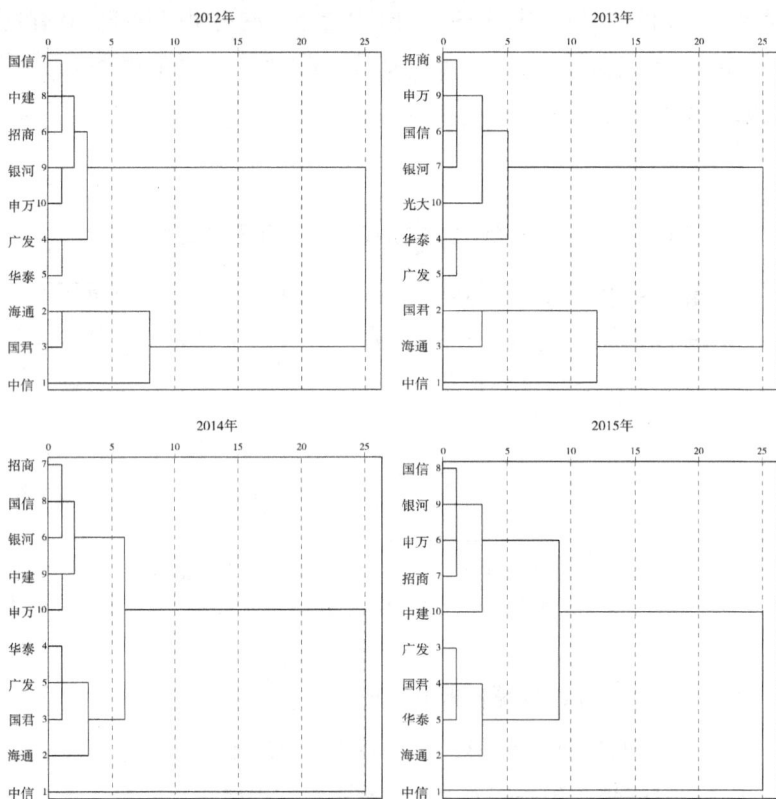

图 7-1　2012—2015 年前 10 家证券公司的系统聚类情况

中信证券一直处于系统重要性的第一层级中，在 2012—2014 年，国泰君安和海通证券处于第二层级中，其他 7 家证券公司在层级数不同时聚类情况也不同。2012

年和 2013 年，中信证券、国泰君安和海通证券三家独大。2014 年和 2015 年，广发证券和华泰证券缩小了与第二层级的距离，逐步加入系统重要性的第二层级中。进入前十的其余 5 家证券公司，组间距离相差不大，各项指标均衡，是中国证券行业的中坚力量。

综合看来，规模性是系统重要性排名的重要决定因素，关联性和可替代性对总得分具有重要影响。排名前十的证券公司大多为首批综合类证券公司，其成立时间久、经营范围广、市场占有率高、业务创新能力高、机构设置复杂，在客户资源和网点分布上具有绝对优势，这也是他们普遍在系统重要性评估中排名靠前的原因。

根据《证券公司分类监管规定》，证监会根据审慎监管的需要，以证券公司风险管理能力为基础，结合市场竞争力和合规管理水平，每年对证券公司进行综合评价，并给证券公司评级。表 7-6 整理了 2012—2015 年进入过排名前十的证券公司的评级情况。采用指标法识别系统重要性证券公司与中国现有的证监会对证券公司评级分类具有一致性，可作为金融事前监管的重要参考。

表 7-6 2012—2015 年 11 家证券公司评级

	中信证券	海通证券	国泰君安	广发证券	华泰证券	招商证券	申万宏源	中国银河	国信证券	中信建投	光大证券
2012	AA	AA	AA	AA	AA	AA	AA	AA	AA	AA	AA
2013	AA	A	AA	AA	AA	AA	AA	AA	AA	AA	AA
2014	AA	AA	AA	AA	AA	AA	AA	AA	AA	AA	C
2015	AA	AA	AA	AA	AA	AA	AA	AA	AA	AA	A

数据来源：根据证监会资料整理。

对比可以看出，除了光大证券 2014 年的 C 级（受 2014 年 "816 乌龙指" 事件影响）、2015 年的 A 级和海通证券 2013 年的 A 级（受 2013 年 4 月因 OTC 产品程序违规被证监会处罚影响），评估排名前十的证券公司在证监会的分类监管中全部为 AA 级（现有的最高层级）。这些证券公司在保持系统重要性的同时在风险控制、财务稳健、合规经营上保持了一定的优势。证监会的分类监管注重证券公司合规经营、财务稳健和风险控制的整体状况，尤其是业务操作的合规性，而在对 SIFIs 监管框架下的规模性、关联性、可替代性、复杂性、全球性 5 个维度上反映不足。仅仅以证监会的监管分类不足以反映中国证券业的发展动态，也难以满足金融机构系统重要性的事前监管需求，以指标法为主的系统重要性证券公司评估可以作为证监会进行事前监管的重要参考。

7.3.3 系统重要性证券公司动态关联性分析

金融机构间的动态相关系数是监测机构间关联性的有效指标。在识别出系统重要性证券公司后，运用 DCC–GARCH 模型计算出系统重要性证券公司两两间的动态相关系数来以分析证券业内部的风险关联度变化。限于上市证券公司样本及期限，选取了 2015 年排名前二十且在 2013 年 5 月 23 日前上市的 10 家证券公司[①]，共 734 组样本，估计两两上市证券公司股票收益率之间的动态相关系数，并计算总体的均值和中位数，以反映证券业个体间的关联性动态变化。动态相关系数走势见图 7–2。

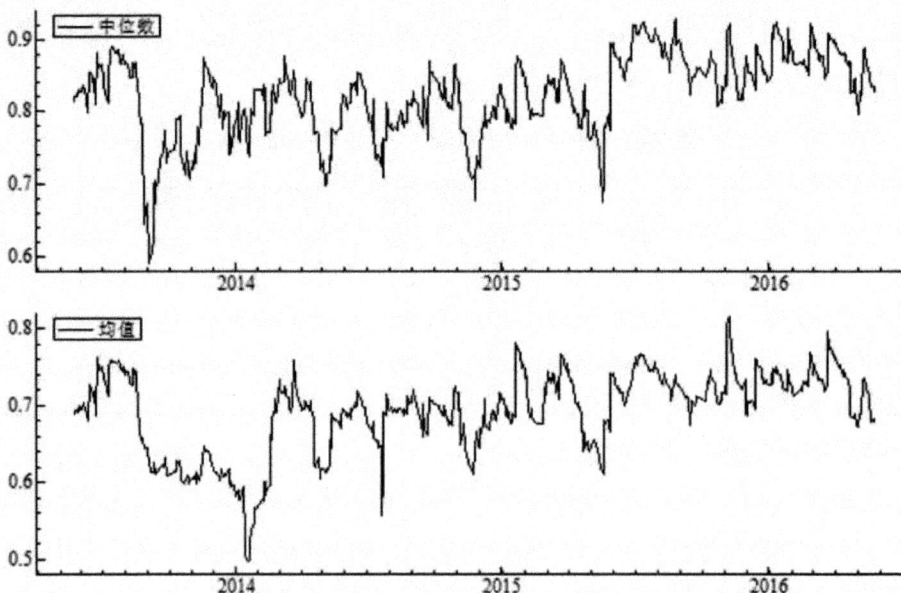

图 7–2　10 家证券公司动态相关系数走势

① 2013 年 5 月 22 日为中国银河在香港交易所上市日，10 家证券公司为中信证券、海通证券、广发证券、华泰证券、招商证券、中国银河、光大证券、兴业证券、方正证券、长江证券。样本期间为 2013 年 5 月 22 日—2016 年 5 月 24 日。

在样本期间，动态相关系数相对平稳但呈增长趋势，均值在 0.4985 和 0.8151 间波动，中位数在 0.5911 和 0.9270 间波动。均值和中位数逐渐变大的趋势说明证券业内机构间动态关联性增强，机构间波动率溢出效应增强，证券公司内部传染性风险有所上升。在当前金融业务交叉、业务类型多元化的背景下，在识别出系统重要性证券公司后应对机构间的关联性有所警惕，差别化监管系统重要性与非系统重要性证券公司，以防范由于行业内波动率溢出引发的跨行业、跨市场风险蔓延。

7.4　本章小结

资本市场系统稳定性涉及多个层次，本章从金融机构层面对系统重要性证券公司了进行了动态评估。以 2015 年的 40 家证券公司为评估对象，参考 SIFIs 的国际监管框架和中国证券业协会对证券公司的自律性要求，构建评估指标体系，运用熵值法评估了中国证券业 SIFIs。并对比分析了 2012—2015 年在系统重要性评估中排名前十的证券公司的特征和发展动态。除此之外，还计算了证券业 SIFIs 中的 10 家上市公司两两之间的动态相关系数。研究发现：中信证券一直是系统极为重要证券公司，海通证券、国泰君安分列其后；规模性、关联性是决定其系统重要性的关键因素，体现了 SIFIs "大而不倒"、"太关联而不倒"的负外部性；证券业具有规模差异大、业务多元化程度低、业务竞争激烈等特点；系统重要性证券公司间的波动关联度提高，机构间风险溢出效应增强，应警惕证券业内部的风险传染。

资本市场发展迅速，金融监管要求也需要应时而变，监管当局应当综合多种方法和多类信息来识别影响金融稳定的 SIFIs。2008 年次贷危机的演变历程表明，金融机构间的相互关联在金融市场动荡的形成、累积与扩散过程中均起到了重要的助推作用。

根据本章的评估方法和结果，在资本市场系统稳定性的评估中，应该将系统重要性金融机构，尤其是系统重要性证券公司纳入市场系统稳定性的评估范围中，从市场参与主体层面监测影响系统稳定性的因素。

第8章　境外资本市场系统
稳定性的实践经验及对中国的启示

以美国、英国、日本、德国等多个成熟资本市场为分析对象，本章将对其系统稳定性的实践经验进行案例分析，为中国资本市场系统稳定性提供经验借鉴。在此基础之上，本章也将分析中国资本市场系统稳定性的现状及存在的问题，并基于成熟资本市场系统稳定性的实践经验提出政策建议。

8.1　境外资本市场系统稳定性的实践经验

美国次贷危机爆发于 2007 年 6 月，是自大萧条以来影响最为深远的一次金融经济危机，造成了全球性的经济恐慌、失业率不断高涨、国际贸易陷入僵局等现象。通过对美国储贷机构危机（1987 年）、拉美债务危机（1980s）、北欧银行危机（1990s）、日本股市泡沫（1990s）、东南亚金融危机（1997 年）、美国互联网泡沫（2001 年）等从损失规模和波及范围进行比较分析各自特点之后（见表 8-1），可以总结出它们都共同面临着资本市场系统性风险，而资本市场系统性风险的高低也决定了经济危机将以何种程度和多大范围来呈现其影响。

表 8-1　大萧条以来的经济危机比较

时间	经济危机	损失规模	波及范围
1987 年	美国储贷机构危机	超过 5 000 亿美元资产损失	超过 1 000 家互助储蓄机构倒闭
1980s	拉美债务危机	非产油发展中国家的债务上升了近 7 000 亿美元	非产油发展中国家国际收支恶化，外汇储备锐减
1990s	北欧银行危机	损失约 650 亿克朗资产	北欧国家经济衰退，资产大幅度贬值
1990s	日本股市泡沫	1989—1992 年资本市场蒸发了 331 万亿日元	日本房地产价格下跌 75%
1997 年	东南亚金融危机	仅汇市和股市的损失金额就超过 1 000 亿美元	东南亚国家企业倒闭、资本外逃，并影响到俄罗斯、巴西、哥伦比亚、美国和西欧国家
2001 年	美国互联网泡沫	5 万亿美元市值蒸发	超过 20 000 人失业
2008 年	美国次贷危机	直接损失高达 5 000 亿美元	欧债危机、全球经济低迷、失业率上升、国际贸易恶化

资料来源：根据刘鹤《两次全球大危机的比较》，载《管理世界》2013 年第 3 期等公开资料进行整理。

　　从某种程度而言，美国次贷危机引发了欧洲债务危机，并因而波及到全球的经济运行。各国政府为了控制经济危机的波及范围和影响程度以维持资本市场体系的稳定性，出台了各种应对系统性危机的政策。虽然各国政府采取了一系列准确而有力的政策措施（见表 8-2），例如提高存款保险上限、为出现危机的金融机构提供担保和向资本市场注入流动性等来防范风险和损失出现进一步扩散，但是仍然无法避免系统性风险的爆发和传染，以致经济持续恶化，人们对于资本市场也逐渐失去信心。因此，如若系统性经济危机一旦爆发，将会对金融机构、资产市场系统乃至全球实体经济造成一系列不可估量的损失。为了更好地防范系统性经济危机以维护资本市场的稳定，从这个角度出发，研究分析世界主要经济大国资本市场系统稳定性的实践经验，并从中思考借鉴是非常有必要的。

表 8-2　各国政府应对经济危机采取的政策措施及目的

国别	政策措施	目的
美国	注入流动性、出台刺激经济法案、对出现危机的金融机构提供援助	减小危机扩散范围、避免经济陷入低迷
欧洲	注入流动性、救助陷入危机的金融机构、为一些金融机构提供担保	增强市场流动性、提振民众对市场的信心
英国	注入流动性、挽救濒临破产的金融机构、提高存款保险的上限	防止金融机构破产、降低银行类金融机构的压力
日本	注入流动性、停止抛售金融机构的股票、出台一系列救市计划	避免流动性危机来缓解市场压力

资料来源：根据戴相龙《当前的国际金融危机及中国的应对措施》，载《中国人民大学学报》2009 年第 3 期等公开资料进行整理。

8.1.1　美国资本市场系统稳定性的经验

1. 美国资本市场基础制度建设和政策导向

美国是世界上市场经济最活跃、最发达的国家之一，长期在世界政治和经济舞台上处于霸主位置，对世界上其他主要经济体产生比较强大、深远的影响。其相对健全和完善的资本市场体系在美国经济的运行中占据举足轻重的地位，这不仅是自然与人文相互交替和作用的结果，也与美国资本市场悠久的历史和特定的社会背景是分不开的。以下将从四个阶段来阐述美国资本市场稳定性的基础制度建设和政策导向的发展历程。

第一阶段，崇尚市场自由竞争的弱监管时期。

从建立初期到现在，美国资本市场的发展过程历经几起几落，颇具曲折性，但其始终以促进自由竞争为核心，长期重视市场这只"看不见的手"的作用，遵循自上而下的演进模式。从 1792 年"梧桐树协定"到 1934 年正式成立美国证券交易委员会（Securities and Exchange Commission）的建立，在这 142 年中，美国资本市场处于高度自由的状态，几乎没有统一的力量对市场进行监督。美国联邦政府没有颁布任何法律法规来约束和规范资本市场的行为，仅有少数的州出台过证券法。由于各个州之间的资本市场存在激烈竞争，且各州制定的法律也不尽相同，这导致了州立法的执行难度加大；与此同时，这段时期的行政执行也没有较强的约束力和管制力，可以说，这个阶段的美国资本市场处在散养的自由竞争状态。尽管这个时期的美国资本市场有着很强的活力和很高的自由度，但是这在一定程度上也导致了投机风气的盛行。除此以外，资本市场中的欺诈行为也大行其道，例如，一些没有任何内在投资价值的股票和债券被盲目炒作到很高的价格，操纵市场的欺诈者通过使广大中小投资者蒙受巨大损失来获得不菲的利益。

第二阶段，以市场稳定为主的资本市场监管体系形成时期。

1933 年，美国国会通过了《证券法》，1934 年通过了《证券交易法》，并正式成立了美国证券交易委员会，这也标志着美国资本市场监管体系建立的开端。《证券法》和《证券交易法》分别针对证券发行市场和证券交易市场，主要在于监管和约束资本证券的发行和交易两个阶段，是美国资本市场监管的基本法。证券交易委员会是作为美国的全国统一的监管机构，负责制定和执行维护资本市场稳定和保护投资者利益的法律法规，监管证券公司、上市公司、投资者以及行业自律等。此外，美国资本市场上还有一些自律性机构，例如证券交易所、全国证券交易商协会等，对维持市场的稳定性起着不可或缺的补充作用。这些自律机构本身有着比较严格的章程和规定，对会员行为进行规范和约束。而且，在某种程度上，证券交易委员会的许多意图也需要这些机构来帮助传达和实现。

第三阶段，在金融混业经营背景下以松绑为特征的监管时期。

20 世纪 80 年代以来，随着全球化进程的加快，国家之间贸易日趋频繁，国家层面的合作和交流不断深入。在新自由主义的观念下，欧美国家首先对经济、贸易、金融等采取了放松管制的政策措施，也降低了对资本市场的管制程度，资本市场自由化开始萌芽，企图打破国家之间的限制，来吸引国际资本进入，以壮大本国资本市场。在这种氛围下，1966 年，美国国会颁布了《全国证券市场促进法》，规定州的监管必须与联邦政府放松监管的法律保持一致，以期贯彻落实松绑的监管理念来提高资本市场的自由度和竞争活力。

1999 年，美国金融制度改革继续深化，《金融服务现代化法》出台，标志着美国资本市场监管进入一种全新的模式，即由以机构监管为核心的传统模式，转变为以功能监管为重点的新兴模式。功能监管模式顺应当时金融混业经营的大背景，能更加准确地解决混业经营模式中出现的交叉创新类产品监管缺失的问题，兼具重点监管金融工具和产品的功能，能最大程度减少监管真空，也避免了重复监管产生的成本。

第四阶段，次贷危机后对资本市场稳定性监管的重新认识与调整时期。

2007 年爆发的危机，不仅是美国资本市场历史上第二次重大的危机，而且被认为是新自由主义理念在资本市场运用失败的证明。由于这次经济危机影响程度深、波及范围广，美国政府开始重新思考政府管制与资本市场自由之间的关系，并通过金融改革法案试图寻找新的平衡点。这次爆发的次贷危机意义非凡，对美国资本市场的冲击不亚于 20 世纪 30 年代的"大萧条"，政府也因此对美国资本市场及其稳定性监管有了新认识。

2010 年，美国政府出台《多德－弗兰克华尔街改革和消费者保护法案》（以下简称《多德－弗兰克法案》)，在学术界被誉为"21 世纪的《格拉斯－斯蒂格尔法案》"[1]，彰显了该法案深远和广泛的影响力。该法案的推出旨在结束之前资本市场以自由化为主的监管风格，以防范资本市场系统性风险和维护中小投资者利益为核心进行新一轮改革，开始针对系统重要性金融机构制定了严格的监管框架和具体的监管标准，以防范系统重要性金融机构的日常经营风险，同时，也防止出现一旦爆发经济危机时的"大而不能倒"时政府必须以损害纳税人利益出资救助。在其他很多方面也都制定了相关措施来维护资本市场系统的稳定，例如控制系统性风险、重构监管职能、严格监管标准、培育市场机制、保护弱势群体、强化对特定金融机构监管、限制银行业的自营投资业务等。

2. 美国资本市场评估体系

目前，在美国金融管理当局中广泛运用的监管评估系统是"骆驼"评级体系，其主要是对商业银行及其他类型的金融机构在信用状况、业务经营等方面进行一系列指标化、规范化和制度化的综合等级评定。该评级体系包含 5 项考核指标，分别为资本充足性（Capital Adequacy）、资产质量（Asset Quality）、管理水平（Management）、盈利水平（Earnings）和流动性（Liquidity），将其英文首字母组合在一起则为"CAMEL"，恰好与"骆驼"的英文名字相同，因此而得名"骆驼"评级体系。由于这种评级方法具备较好的有效性，现已被世界上大多数国家直接或者根据本国国情修改之后所

---

① Glass-Steagal Act，也被称为"1993 年银行法"，因为由参议员 Carter Glass 和众议员 Henry B. Steagal 提出而得名。20 世纪 30 年代大萧条后，为了将投资银行业务和商业银行业务区分，避免商业银行从事证券业务产生的系统风险。该法案标志着美国由金融混业经营转向金融分业经营模式，所以在美国金融史上具有重要影响力。

采用。"骆驼"评级涉及的主要考核标准如下：

（1）资本充足率（资本／风险资产）要求达到 6.5%—7%；

（2）有问题放款与基础资本的比率低于 15%；

（3）管理层的领导能力、董事会的决策能力、处理突发问题的应变能力、内部技术控制系统的完善性、创新服务吸引顾客的能力以及员工素质；

（4）净利润与盈利资产之比在 1% 以上为第一、二级，如果在 0 和 1% 之间则为第三、四级，如果为负数则评为第五级；

（5）随时满足存款客户的取款需要和贷款客户的贷款要求的能力，根据流动性的高低区分为四种等级。

"骆驼"评级体系在风险评级管理为核心的基础上多角度考察了银行的规模、风险层次以及复杂程度，运用单项评分与整体评分相互参考、定性与定量互相结合的方式来综合评判银行的运营是否健康规范。随着现实情况的不断演进，美国联邦储备委员会和其他相关监管部门从 1991 年开始，陆续对"骆驼"评级进行修订，在原有的基础上增加第六项评估内容——市场风险敏感度。市场风险敏感度指标主要关注利率、汇率、股票价格和商品价格等的变化对金融机构收益或资本的影响程度。由于市场敏感度（Sensitivity of Market Risk）用 S 来表示。将六项评估指标综合起来的新体系称作"CAMELS"评级体系。

3. 美国资本市场监管体系

（1）政府层面的法律监管。

美国对资本市场承担监管职责的最高权威机构是美国证券交易委员会，负责对整个市场进行监督和管理。此外，各州也设有监管机构，在其辖区范围内对资本市场活动进行监督和管理。在美国，信息公开是资本市场监管体系的基本原则，信息公开尤其是场内交易活动的监管核心，因而产生投资信息的上市公司是其监管的重点对象。由于上市公司是面向公众投资者，公司高管、董事、券商、会计机构等都要对公司披露文件的内容承担责任，确保不会出现虚假信息和应披露而未披露的信息。如果上市公司被发现在信息披露中出现违规行为，责任人要承担相应的法律责任，包括民事赔偿责任、美国 SEC 的行政处罚等，甚至刑事责任。

（2）行业组织的自律监管。

行业自律组织对其成员活动的监督也起到非常重要的补充作用。美国金融业管理组织（Financial Industry Regulatory Authority，下文简称 Finra）成立于 2007 年 7 月，是将原纽约证券交易所和全美证券经纪商协会（NASD）对证券经纪代理商的监管职能合并后新成立的一个非政府性质的行业自律组织。全美 5000 多家证券公司以及 60 多万证券经纪从业人员在向美国 SEC 注册登记的同时，也会成为 Finra 组织的成员，并接受 Finra 的监管。Finra 在相关法规基础上制定的各项监管规则在报经美国 SEC 审核批准后，将成为全体成员必须遵守的行业规则。作为美国证券经纪业的一个行业组织，它不仅在证券市场自律监管方面发挥着非常重要的作用，而且实际承担着对证券经纪代理商的监管职责。该组织的各项预算开支并没有获得来自政府的资金支持，而是来自会员缴纳的年费。此外，该组织还负责对会员的持续教育和培训、资格考试，协调解决投资者与证券经纪代理商、证券经纪代理商之间、证券经纪代理公司与证券经纪从业人员之间的争端、矛盾和纠纷等。

由于场外交易市场（Over The Counter，简称 OTC 市场）对于挂牌企业的审核标准较松，Finra 的另外一项重要职责是承担 OTC 市场交易行为的监管，主要是为挂牌企业提供相关证券的交易报价，具体交易仍在场外进行撮合。因此，Finra 自然就成为场外交易的最直接监管者，此外，Finra 还要介入成交信息的收集和交易规则的制定等。

（3）交易所的自我约束和监管。

对于资本市场而言，值得关注的动向是监管业务的外包。例如，纽约证券交易所目前分别下设独立运作并承担运营和监管任务的两家公司，然后由运营公司和监管公司两家签订委托合同，将运营公司的市场监管业务委托给监管公司。纳斯达克市场也是采取这种签订合同的方式把监管业务委托出去，这样交易市场自身能更好地专注于发展盈利业务。

总体来讲，美国对不同层级资本市场的监管方式和严密程度是不同的。首先，监管最严的是证券交易市场，包括交易市场本身、上市公司以及证券经纪代理商等的行为，都要受到严格的监管，在严格而完善的法律特别是民事责任追究的制度下，市场参与各方的行为均得到有效约束。其次是场外交易市场，其监管主要依靠行业自律组织，来自政府部门的监管力度要小很多。由于场外交易市场对于挂牌企业本身的要求并不高，因此，监管的重点实际上转移到对证券经纪代理商的监管和交易信息的准确及时披露等方面。再次，对于私募股权交易市场，由于交易双方都是合格机构投资者，他们对于相关法律的熟悉程度、信息收集和风险判断能力要明显高于一般投资者，因此来自外部的监管则又更弱一些。

8.1.2 英国资本市场系统稳定性的经验

1. 基础制度的变革

长期以来，英国一直是世界金融中心之一，也是全球资本市场的重要组成部分。英国资本市场历史悠久，伦敦证券交易所（London Stock Exchange，下文简称 LSE）成立于 1773 年，经过两百多年的发展，成为目前欧洲最大的证券交易所。与美国资本市场一样，英国资本市场的发展也不是一蹴而就，在发展过程中也面临了一些问题，例如 20 世纪 80 年代产生的"私人俱乐部"体制造成的垄断性问题等。面对此类问题，英国政府采取了被称之为"金融大爆炸"的有力改革措施，并取得了良好的效果。在"大爆炸"之前，伦敦证券交易所沿袭的是"私人俱乐部"体制，其遵循以下四大原则（见表 8–3）。

表 8–3 "私人俱乐部"体制的原则和内容

原则	内容
专门化原则	只有会员公司才可进行交易
单一资格原则	区分经纪人和证券交易商
最低佣金原则	交易佣金比例为 1.65%
限制会员原则	禁止外国公司和银行、保险公司等成为交易所会员

资料来源：根据巴曙松《英国证券市场的演变及其借鉴》，载《农村金融研究》1995 年第 2 期等公开资料进行整理。

这种陈旧的经营机制使得伦敦证券交易所效率低下且费用高居不下。为了扩大和发展交易规模，1986 年 10 月 27 日，伦敦证券交易所宣布实行各界期待已久的重大改革，这次改革被称为"金融大爆炸"。改革主要内容有三点：一是允许本国和外国银行、保险公司以及证券公司申请成为交易所会员，允许交易所以外的银行或保险公司、外国公司 100% 持有交易所会员公司的股份；二是以"双重资格"取代原先实行的"单一资格"，交易成员公司可以兼任证券交易商和证券经纪商的双重身份、双重职能；三是借鉴纽约证券交易所的经验，取消最低固定佣金制，实行自由议定佣金制度。此外，"金融大爆炸"的另一项重要内容是通过了 1986 年《金融服务法》。"金融大爆炸"使得伦敦证券交易所在此后的一段时期在体制及技术方面都领先于其他欧洲国家，尤其是在资本市场稳定性方面更是取得了长足的进步。

2. 政策导向

与一般国家不同，英国的资本市场具有其特殊性。英国资本市场起源于金融家和证券经纪商，证券交易所也是由一些证券发行商自行创建的。因此，英国的证券交易所始终都是通过民间私人机构运行，由于民间资本有权利制定和实施各种规则，因而英国的资本市场几乎没有政府色彩。当然，英国的资本市场也要遵守英国相关的法律法规。从总体上讲，英国资本市场所实行的是法律框架下的自律性管理、投资者保护、重视公司利益的灵活管理以及集中指导下的专业化市场管理。《金融服务业法》构成了英国资本市场自律性管理的基本法律框架，一些组织机构以此为依据建立具体的自律管理原则和规则，实行法律框架下的自律性管理。这也是政府没有直接干预资本市场的历史原因之一。

3. 评估体系

由于英国资本市场由民间私人机构运作，为了维持资本市场的稳定，英国财政部和英格兰银行分别设立了相关的部门进行评估和监督。其主要任务是调查研究和制定政策，并向国会提供报告及有关法案。如果资本市场出现问题，这些部门也不直接插手处理，而是让相应机构去处理。尽管他们不直接处理，但是会通过其他方式解决此类问题。例如英国财政部针对这些问题，可制定政策并提交国会有关法案，通过立法来防止类似事情发生。

4. 监管体制

英国资本市场主要依靠证券市场及其参与者进行的行业自律监管，除了必要的立法外，政府很少介入干预，资本市场主要依靠证券交易所和证券商协会等组织自律监管，因而英国资本市场自由度较高。目前，英国资本市场的自律性管理主要由三个机构组成，分别是英国证券交易所协会、企业收购和合并专门小组、证券业理事会。其中，证券交易协会负责整个证券市场的监管，证券业理事会是自律性监管体系的中心，主要负责制定和执行有关证券交易的各项规章制度。需要指出的是，尽管英国主要依靠自律方式约束资本市场，但是政府对一级市场仍进行了必要的立法管理。比如 1948 年的《公司法》、1958 年的《反欺诈法》、1973 年的《公平交易法》和 1986 年的《金融服务法》等，都旨在加强对证券发行、交易等的立法管理和监督。稳定健康的资本市场离不开宏观政策调控，以及对资本市场投资者利益的保护和重视。

8.1.3　日本资本市场系统稳定性的经验

1. 基础制度发展

日本东京证券交易所是国际金融中心之一，在全球金融市场占据重要地位。日本的资本市场在明治初年就已出现，于 1878 年建立，至今为日本经济发展贡献了巨大的力量。日本资本市场架构体系最为接近美国，而且在成熟资本经济国家中是为数不多的以间接金融体系为主的国家，与中国现行的金融结构体系比较接近[1]。日本资本市场自建立以来就由日本政府进行直接管制，与中国资本市场建立具有高度相似性，对中国资本市场稳定性发展和完善具有较大的参考意义。

2. 政策导向

日本资本市场的监督管理参考了英国、美国等西方国家的经验，也分别颁布过《证券交易条例》、《证券交易所法》等一系列监管法律法规。在二战结束之后，日本为了重振国家经济，建立了统一的资本市场监管体制，提出了"产业式警察的市场监管"、"行政制的保驾护航下的市场监管"和"发挥资本市场作用的日本特色法律制定"的监督框架。在这种政策导向下，日本通过了一系列法案来确保顺利实施资本市场的监管。例如，日本设立了证券和交易监视委员会对资本市场参与者的活动进行检查和监督；引入即时矫正制度，加强对金融机构的审慎性监管。

3. 评估体系

为了保证证券公司的财务稳健性，日本从 20 世纪 90 年代开始对证券公司进行

---

① 见阙紫康《多层次资本市场发展的理论与经验》。

自有资本管制，自有资本管制比率计算方式如下：

$$自有资本管制比率 = （不固定的自有资本 / 各种风险总额）× 100\%$$
$$不固定的自有资本 = 自有资本—（固定资本 + 部分流动性资产）$$
$$各种风险总额 = 市场风险 + 交易对手风险 + 基础性风险$$

日本政府规定，若该比率不超过 140% 时，需要进行申报；120% 是有义务应至少维持的水平；当比率处于 100%—120% 时，应采取早期财务纠错措施，调整业务方式或实施财产寄存；若比率低于 100%，则勒令停业，期限不超过 3 个月，若无好转迹象，则取消直接注册资格。此外，金融危机后，为强化全面风险管理，日本又全面引入了《巴塞尔协议 Ⅱ》。

4. 监管体制

由于日本的资本市场发展变化较大，因此其监管政策在不同时期差异也较大。例如在 1947 年左右，为了应对"证券恐慌"，避免敌意兼并，日本政府允许企业、银行之间相互持股，形成相互约束机制。而后，资本市场迅猛发展导致市场泡沫剧增，在这种情况下，监管体制着重于打击各种证券发行和交易的违法行为。当然，尽管监管政策差异性较大，但是日本的监管体制还是保持了适度的稳定性。日本实行的是以大藏省证券局为主体的管理体制，同时也采用法律、经济、行政等手段。大藏省证券局在日本金融监管中拥有至高无上的权力，集金融计划立案与监督检查职能于一身。为了削弱大藏省的权力以及避免监管的问题，1998 年日本成立了日本金融监督厅，日本金融监管从而进入统一监管的时期。日本金融监督厅确定的核心职能有两项：一是维护金融市场的稳定和协调；二是保护存款人、保险合同签约人以及资本市场投资者。

8.1.4　德国资本市场系统稳定性的经验

1. 基础制度发展变化

德国资本市场诞生于 16 世纪，距今已有四百多年历史。尽管德国资本市场历史悠久，但是德国政府对资本市场的监督管理却并不久远。德国官方认为，证券监管是德国最年轻的监管领域，它的起源可追溯至《第二部金融市场促进法案》。1994

年 6 月 26 日，德国政府颁布《第二部金融市场促进法案》，这标志着政府开始正式介入德国资本市场监督管理。

当然，在这之前德国政府也并非没有对资本市场进行监督管理。由于德国是联邦制国家，民商法属于各州自行管辖，立法、行政和司法权在联邦和州之间进行划分，民商法的执行权和监督权在州政府。1994 年之前，德国资本市场没有建立统一的证券法体系，没有一个对资本市场进行监管的中央性机构，各州行使着对资本市场的监管权，法律规定的监管在全国难以统一和协调。在这种情况下，德国资本市场普遍采用自律管理模式。

为了保障资本市场的平稳发展，优化资本调节功能，提高资本市场竞争力和稳定性，德国在 1994 年 6 月 26 日颁布了《关于证券交易和修改交易所法律规定及证券法律规定的法律》，简称《第二部金融市场促进法案》。该法案在德国资本市场的历史上具有非常重大的意义，既促进德国建立了全国性的证券法体系，又进一步调整了资本市场领域的权力划分，提高了联邦行政执法权。此外，该法案还进行了监管体制改革，提出了三层次监管架构等。也促使德国政府设立"联邦证券交易监管局"，标志着德国资本市场在监管体制上发生重要改革。

2. 政策导向

德国的资本市场监管改革主要参考了欧洲其他国家的监管体系，1994 年后，德国资本市场又进行多项立法，管理方式逐渐由自律管理模式向政府监管模式转变。得益于欧洲一体化进程的不断加快，德国的资本市场改革也得以顺利进行。政府相继颁布了一系列法规和规定，协调德国各州建立统一的资本市场监管体系。欧洲一体化进程中，欧盟为协调和统一成员国资本市场监管，颁布了不少条例和指令，由于是欧盟颁布的相关条例，但在德国境内不能直接生效，德国政府需要通过落地转化等方式将指令变为国内法，这促进了德国资本市场与欧洲资本市场协调发展。在此基础上，为使德国证券法与欧盟法律相协调和适应资本市场发展需要，德国相继对金融领域内多部法律进行了修改，涉及资本市场监管体系的改革有：

（1）1997 年颁布《关于转化欧共体指令以协调统一银行和证券监管法律规定的法律》，将监管对象扩大到银行，并增大了被监管对象的义务。

（2）1998 年颁布《第三部金融市场促进法案》，强调上市公司大股东的信息披露义务，目的在于监管证券市场存在的内幕交易、信息披露问题，加强联邦证券交易监管局对内幕交易的调查权。

（3）2002年1月，《证券收购和兼并法》生效，联邦证券交易监管局首次将企业兼并监管纳入职责范围，加大了对证券市场的合规性监管。

（4）2002年，顺应金融业发展趋势，将银行监管局、保险监管局、证券交易监管局合并为一家联邦监管机关——联邦金融服务监管局，对金融市场实行全能金融监管，目的在于整顿分业监管下的混业经营乱象。

（5）2002年6月颁布《第四部金融市场促进法案》。该法案涉及22部法律的修正案，核心内容是颁布新的《交易所法》和颁布《有价证券交易法》修正案。该法案的颁布意味着德国资本市场的监管再次发生重大改革，包括将市场操纵监管纳入联邦金融服务监监局的职责范围、对企业内幕人员交易实施报告制度、监管上市公司大股东的信息披露、加重对滥用即时信息披露和不实信息披露的处罚等。

（6）2004年10月再次修改《有价证券交易法》和《交易所法》，此次修改涉及两个核心内容：一是扩大监管机构的职能，特别是扩大联邦金融服务监管局、州政府交易所监管机构、交易所交易监控部门等的调查权；二是修改市场操纵禁令，其中最重要的是对市场操纵构成要件的修改。根据修改后的《有价证券交易法》规定，市场操纵的构成要件不要求行为主体在主观方面有故意和目的，在客观方面不要求操纵行为引起行情波动的实际结果。这一变化是德国证券立法的最新突破。

3. 监管模式

基于德国联邦制的国情，德国资本市场监管主要采用联邦金融服务监管局统筹全局与各州自治模式。主要负责监管交易的单位是州政府交易所监管机构，同时该机构也对本州的证券活动进行管理。每个州的交易所监管机构并不完全相同，例如，黑森州的交易所监管机构是黑森州经济、贸易、技术和欧洲事务部，该机构也同时是法兰克福交易所的监管机构。经过《交易所法》的多次修改，交易所监管机构的监管职能在每次修改后都有所扩大，多数州的监管机构从最开始的法律监督权扩大到了交易监督权和市场监督权，其主要职责有：

（1）对交易所进行法律监督，消除交易所的不良状况；

（2）对交易所的设立和关闭进行审批，对交易所法律载体的交易所事务进行监管；

（3）对设立证券期货电子交易系统进行审批（但涉及审批外国证券期货机构在德国开设电子交易系统时，则由联邦金融服务监管局管辖）；

（4）对交易、结算和其他业务活动进行监督，维护市场秩序；

（5）对特许经纪人进行审批和监督；

（6）对依据《交易所法》设立的证券经营机构进行监督；

（7）对交易所交易监控部门进行监管；

（8）调查和处理违反交易所规章的行为。

除了州政府对资本市场的管理，德国联邦政府也对德国资本市场进行了专门的监督和检查，包括联邦政府于 2002 年专门成立的金融服务监管局，其核心目标是保障德国金融系统的安全、稳定和完整，主要负责对德国金融市场（包括银行、证券和保险等金融领域）实行全能金融监管。

联邦金融服务监管局的领导机构为主席和行政理事会，主席负责领导工作，行政理事会主要负责两项职责：对金融服务监管局工作进行监督和提供职能支持。此外，金融服务监管局内设三个专业管理部门及众多交叉业务管理部门，主要针对银行、保险和证券以及三者交叉的领域进行监督和管理工作。

4. 评价体系

SWAP 系统是金融服务监管局设立的证券监视应用系统，旨在对德国境内所有金融工具进行监控，是德国资本市场监管的重要工具和系统稳定性的评估体系之一。SWAP 系统通过收集交易所监控报告、媒体消息、市场义务主体发布的临时信息公告等信息，综合运用经济学方法和数据挖掘技术，对相关信息进行统计分析，从而对资本市场尤其是证券市场稳定性做出评判。该评估体系主要从金融工具的交易情况、违法行为迹象、操纵意图迹象等方面进行分析。具体各项指标见表 8-4 所示。

表 8-4 SWAP 系统的金融工具分析体系

指标类别	指标内容
引发金融不稳定的金融工具分析指标	金融工具的价格波动和成交量变化、场外交易表现
	相关账户的交易特点，如成交量比例、交易历史变化等
	股份的市场分布比较
其他有可能引起金融不稳定的行为迹象指标	与信息公告相关的交易、可疑交易的数量和价格
	流动性较差的金融工具的异常表现情况
	交易行为导致金融工具收益权发生的变化
	盘中短时间交易导致的价格变化
	交易行为导致最优买卖价格的改变、频繁撤单等
其他操纵意图迹象的分析指标	非理性交易接受损失或增加成本
	操纵基础证券的价格使特定金融工具失效
	股份作为投资影响新公司股价
	在特定日期结算，影响价格或价值
	收购报价前的价格推动

资料来源：根据宋凌峰、郭亚琳《德国地方性资本市场发展模式及借鉴》，载《证券市场导报》2015 年第 8 期等公开资料进行整理。

8.2 中国资本市场系统稳定性分析

资本市场快速发展，对国民经济和社会发展的影响也越来越大，并且已经成为影响中国经济持续、健康、有序发展的关键因素。最近几年中国资本市场风云突变，市场波动幅度加大，资本市场不稳定现象频发。因此，探究影响中国资本市场稳定性的因素以及如何保持中国资本市场持续稳定健康发展具有现实需求。本章将从交易制度、市场结构等角度研究中国资本市场系统稳定性的影响因素以及影响机理，以期为促进资本市场健康有序发展提供理论依据。

8.2.1 中国资本市场系统稳定性现状及存在的问题

根据资本市场监督主体以及相互之间关系，资本市场监管方式主要可以分为三种：一是交易所主导模式；二是分工合作模式；三是政府控制型模式。从历史条件看，中国资本市场脱胎于计划经济，因此，其监管方式也带有十分强烈的行政计划色彩，中国证券交易所主要由政府组织和建立。在证券市场发展过程中，国家一直坚持对证券交易所的主导和监督管理。因此，可认为中国资本市场监管为政府控制型监督模式，这也是基于中国发展实情的制度演化。

在现行的《证券法》下，证券交易所性质为"实行自律管理的法人"，符合不少学者认为的交易所主导模式的监管模式。不过，虽然《证券法》给予的交易所自律管理的法人地位，但大部分情况下，政府制定的法律中也对交易所的自律管理施加了许多要求和限制，这使得交易所自律监管在很大程度上是水中月、镜中花，实质上仍为政府控制模式下的监管形式。比如，法律规定证券交易所具有自主制定章程的权力，但是证券交易所所制定的各种重要规章都需要经过国务院证券监督管理机构审核之后才能生效，这说明证券交易所的各种重要行为，都必须经过国务院证券监督管理机构甚至更高层的同意才可以执行。此外，政府还负责管理证券交易所的人事安排，国家规定证券交易所的总经理必须由国务院证券监督管理机构任免，保证了国家政府部门对证券交易所的控制。加之，尽管《证券法》规定了证券市场监督管理的 8 种职权，但是却没有明确说明具体的执行方式。综上所述，从本质上来说，中国证券交易所监管仍然属于政府控制型监督管理的方式。

纵观世界上其他国家资本市场监督管理方式的经验，单纯采用政府控制型监督管理方式，将会引起一系列问题。一方面政府监管部门过分行使了许多本来不应该由他们行使的权力，如监督、检查、审批等行为；另一方面由于监督、检查职责较重，任务较多，使得政府部门不断扩大，机构也越发臃肿，导致监管效率低下。更重要的是，法规的不健全无法给自律监管提供可靠的参照，导致交易所缺乏良好的治理机制，同时也面临活力不足的问题。

虽然政府控制下的证券交易所自律管理存在一些不足，但是证券交易所仍然进行了很多有益的尝试、探索，并取得了一些成绩。例如在行业自律监管上，上海证券交易所和深圳证券交易所分别发布了各自的《纪律处分程序细则》，并成立了各自的纪律处分委员会，负责行业纪律处分职责。

依赖市场供求关系以及其内在规律实现资本市场平稳健康发展，市场化是其稳定发展的前提和保障。当前中国资本市场仍存行政色彩，在适应当前资本市场稳定健康发展上存在滞后。依赖政府行政命令发展起来的资本市场，往往重筹资数量和规模控制，轻投资者利益保护；重视对证券公司的直接检查和监督管理，轻视对市场相关信息披露的真实性审核。这也是现阶段资本市场存在内幕交易、关联交易、大股东掏空上市公司等乱象的起因之一。政府控制监管模式下的市场自律性不够，又因为法律法规不健全、惩罚机制缺位等原因，市场投机行为仍屡禁不止，行业运行效率有待提高。以上种种不仅是现阶段中国资本市场的运行特点，也是导致资本市场系统不稳定性原因。除此之外，资本市场系统不稳定性还表现出如下明显特征。

1. 股价指数和个股价格波动剧烈

从 20 世纪 90 年代以来，中国股市多次出现年度涨跌幅度超过一倍的经历，年度跌幅超过 30% 的现象也比较多见。例如，2001 年 6 月 14 日—2005 年 6 月 6 日上证综合指数从 2 245 点跌至 998 点，跌幅高达 55.5%。上证综指从 2005 年 6 月 6 日的 998 点上涨到 2007 年 10 月 16 日的 6 124 点，累计涨幅高达 5.14 倍。然而，2008 年 10 月 28 日上证综合指数却跌至最低的 1 665 点，与最高点 2007 年 10 月 16 日的 6 124 点相比，累计跌幅高达 72.8%。但是，美国股市同期相比却保持了相对稳定，道琼斯指数由 2007 年 10 月 11 日的最高 14 279 点跌至 2008 年 10 月 10 日的 7 800 点附近，累计跌幅只有 45% 左右。此外，与大盘走势相比，沪深两市个股波动更加剧烈。连续十几个甚至几十个涨停或跌停的情况比比皆是，甚至会有一只股票一年上涨十几倍的事情发生。例如，中国平安从 2007 年 10 月 24 日的 149.28 元一路跌到 2008 年 10 月 28 日的 19.9 元，累计跌幅超过 80%。

离我们最近的股市剧烈波动要数 2015 年，上证综指从年初的 3 258 点快速拉升到 5 274 点（2015 年 6 月 15 日），随后开始大幅下跌。在 2015 年 7 月、8 月的暴跌行情中，上证综指在这两个月内的跌幅分别为 14.3% 和 12.5%，其他股指也频频打破 20 多年来的跌幅，上演多个黑色交易日。在不足一年的时间内，"千股涨停"、"千股跌停"、"千股停牌"的场面轮番上演，给中国资本市场的发展留下了惨痛的教训。

2. 市场交易量、换手率波动剧烈

自 20 世纪 90 年代以来，中国股市既有交易量的巨大波动，也有换手率的惊人差距。有的股票年度换手率高达 10 倍，有的股票换手率则不足 2 倍；日交易量上，既有日交易量破万亿元的高峰（2015 年 4 月 20 日沪市单边成交量高达 1.15 万亿元，当天沪深两市成交量合计达 1.8 万亿元），也有日交易量不足 10 亿元的低谷；沪市

股票全年成交额方面，2006 年为 5.78 万亿元，2007 年高达 30.54 万亿元，比 2006 年增加了 4.28 倍，2008 年为 18.04 万亿元，比 2007 年减少了 40.9%；换手率方面，深市 A 股流通股全年交易换手率在 2001 年为 1.9 倍，在 2007 年高达 10.62 倍，2008 年又降至 5.03 倍；个股方面，深沪股市既出现了日换手率高达 80% 的个股，也出现了日交易量不足百股的个股。

3. 证券发行和市场融资大起大落

2006 年，中国 A 股发行量为 1 288.77 亿股，两年之后市场发行量反而降至 180.29 亿股，减少了 86%。从资本数量来看，2000 年 A 股市场融资额为 1 527.03 亿元，5 年后反而减少了近 1 200 亿元，降幅规模达 80%。从 2005 年开始仅仅不到 2 年，2007 年 A 股市场的融资额突破 7 000 亿元，相比 2005 年增加了近 22 倍。

8.2.2　中国资本市场稳定性存在问题的原因分析

通过对中国资本市场稳定性现状和问题的梳理，我们发现出现上述问题的原因是多方面的。

（1）中国资本市场还比较年轻，建立和运行时间较短，然而从资本市场发展的客观规律来看，从出生到成长为一个稳定的市场需要经过漫长的过程，市场稳定机制需要反复磨合和修正才能发挥出调节作用。中国资本市场才成立 20 余年，还处于"新兴 + 转轨"期，市场机制的形成和作用机理的磨合还正在进行，还未能形成完善的市场机制，更不用说去发挥稳定市场的作用。市场化发行制度是资本市场改革的方向，建立健全保荐人监督管理机制是持续监督的有效方法。然而研究发现，中国当前新股发行价格持续偏高。造成这种现象的原因：一方面上市公司资金超募，浪费了市场资源，也有保荐人监督不力的因素；另一方面，新股发行严重超募的现象加大了投资者的投资风险。究其根源，就是中国还没有建立全面有效的资本市场稳定性体系，没有形成有效的市场化约束机制。

（2）市场运行环境的剧烈变化影响了市场稳定机制作用的发挥。外部环境是影响资本市场稳定性的重要方面，如经济体制、宏观经济政策、财政货币政策、法制环境、社会环境等都是影响资本市场运行的重要因素。中国资本市场设立和运作二十多年，也是中国经济体制、经济增长方式、经济结构急剧变化的二十多年。这些变化都对中国资本市场的运行产生了影响，加上中国资本市场的稳定机制本身就比较脆弱，因此，在这种错综复杂的条件下，中国资本市场调节机制更难以发挥作用。过去很长一段时间内，中国都实行计划经济模式，资本市场的建立与发展也具有浓重的"行政"色彩。随着经济的快速发展，这种计划经济背景下的监管模式已经不适合资本市场市场化运行的要求。在某些情况下，这反而成为了诱发资本市场不稳定的因素。

（3）上市公司质量不高是影响中国资本市场稳定的重要因素。上市公司是资本市场的基石，是资本市场的造血细胞，上市公司质量的好坏切实影响资本市场的运作。纵观中国资本市场发展历史，很多上市公司直接由国有企业改制而来，此外，上市企业中又有很大一部分民营企业具有浓厚的"家族管理"的色彩。因此，在中国上市公司中，多数公司存在较为突出的公司治理问题。由于上市公司本身存在缺陷，使得公司经营不稳定，导致业绩大起大落、分配方式和分红水平变化无常，从而对股价波动、投资者投资行为产生了很大的影响。中国资本市场股价指数波动幅度大、波动频繁，原因是多方面的，但与较多上市公司质量不高是分不开的。因为上市公司质量不高，市场机制又不健全，不利于投资者形成长期投资的理念、缺乏看好市场的信心，容易滋生投机行为，短视行为更容易导致市场大起大落，出现不稳定状况。

（4）市场主体运作不规范加剧了资本市场不稳定。一些市场主体运作不规范、不合规是导致资本市场巨大波动的直接原因。例如，公司业绩造假、信息披露不规范，大股东控制上市公司和损害上市公司利益等问题时有发生，这些不规范的操作行为直接影响了中国股市的运行，甚至对股市的价格、成交量、投资者的信心等产生了巨大的冲击，导致市场不稳定。此外，一些上市公司高管存在着内幕信息披露和违规买卖本公司股票的问题，不少市场主力投资者存在着操纵市场、利益输送的问题，也有证券公司的咨询机构或从业人员存在着信息不隔离的问题。这些问题的存在都影响了中国资本市场运行的稳定性。

（5）市场缺乏长期稳定的投资力量，使得中国资本市场缺乏长期稳定性。从资本市场构成来看，中小投资者一直是中国资本市场的主力，在 2016 年中比例仍然高达 7 成[①]。以中小投资者为主的"散户"市场往往存在严重的投资盲目性，许多中小投资者往往盲目地追涨杀跌、快进快出，市场"羊群效应"明显。尽管近期中国资

---

① 　更多详情可见深圳证券交易所于 2017 年 3 月 15 日发布的《2016 年个人投资者状况调查报告》。

本市场机构投资者发展迅速，但是相对于广大的市场，其占据比例仍然较小。2016年 10 月开放式基金的投资份额达 12.32 万亿份，仅占到深沪股市流通市值 38.98 万亿元的 30% 左右。中小投资者是中国开放式基金申购者的主力军，这些资金的趋利性很强。当股市上涨时，大量资金申购基金，入市资金大量增加推动了机构投资者大量买入和股市上涨，然后又诱发了大量中小型投资者购买基金；当股市下跌时，中小投资者出于自保的心态，赎回申购基金，造成了资本市场大量资金出逃，这种行为进一步加剧了股市下跌。由此可以看出，中国资本市场机构投资者比例还较低，并没有形成较强的市场稳定力量。

（6）存量股份减持加剧了资本市场的不稳定性。2005 年之前，股权分置是中国股市的特殊现象之一。股权分置改革基本完成后，股市从一个股权分置市场转变为一个全流通市场。长期来看，股权分置改革有利于市场机制的健全，也是正常市场的必经之路。一个稳定市场必定是股东权利对等的市场，全流通市场的建立有利于增强市场的稳定性，有利于形成市场稳定机制。但是，在中国股市处于向全流通市场的过渡和转变的特殊时期，股票市场不稳定性反而有所恶化。造成这种现象的原因可能有两个：第一，限售期满后，存量股份的去向无法控制，减持时间、数量、方法虽然有明确规定，但是往往上有政策，下有对策，限售期满后的股东往往千方百计减持，极大地影响了投资者的预期，容易形成短视之风；第二，2005 年股权分置改革后发行的上市公司，部分上市前的存量股份到期后可以直接流通交易，也存在减持的可能性，这又在一定程度上扩大了不确定性，成为了资本市场不稳定的另一个导火索。因此，综合上述两个原因，在旧平衡被打破而新平衡还未成型的过渡时期，股市稳定性必然受到影响。

8.3　境外资本市场系统稳定性的实践对中国的启示

结合境外资本市场发展经验和境外维护资本市场系统稳定性的成功案例，为了进一步加快中国资本市场健康有序发展，提升资本市场系统稳定性，需注意以下六点：

（1）优化资本市场运行环境。资本市场无法独立于实体经济、金融市场，是一个受环境高度约束的投资、融资平台，市场运行环境是其稳定发展的基础。从整体出发，营造良好的市场环境需要动员全社会的力量，来共同维护中国的资本市场运行环境，从而同步促进中国的经济环境、社会环境、制度环境、信用环境逐步提高和完善，逐步实现全社会的优化。

（2）完善市场供需平衡机制。供需双方保持稳定是资本市场系统稳定的前提，如果供需双方发生了不平衡，那么就会导致资本市场的系统失衡。中国股市波动剧烈和频繁，既与中国股市缺乏长期可持续的稳定投资资金有关，也与上市公司的融资需求变化有关。根据市场资源供需特点，建立有效的供需平衡机制是稳定资本市场的有效手段。特别是，随着公司直接融资需求的不断扩大，市场存量股份的减持等，使得中国市场迫切需要建立一支日益庞大的长期投资者队伍，引导更多长期投资者和机构投资者，如商业保险资金、社会保险资金、企业年金等入市。更重要的是，要在供给端控制好上市公司数量和质量，有效调整市场扩容步伐，规范上市公司融资行为，以达到供需平衡，营造良好的市场稳定环境。

（3）提高上市公司质量。上市公司是资本市场的细胞，市场的健康发展必须要以高质量的上市公司作保障，上市公司质量的高低直接影响了资本市场发展的水平。如果上市公司质量不高，那么就一定会导致资本市场发展水平较低。资本市场的各项经济指标与上市公司息息相关。提高上市公司的质量是解决中国资本市场系统稳定性的根本保证，提高上市公司质量是市场稳定的基石。当然，提高上市公司的质量并不是简简单单地提高经营指标那么简单，需要综合考虑公司治理、规范运作、信息披露等多项指标，需要在信息披露和奖惩制度设计上要求上市公司切实提高自我治理水平和价值创造的能力，提高上市公司的核心竞争力，提升资本市场整体发展水平。

（4）规范市场参与主体。资本市场是一个参与方众多、利益博弈剧烈的市场。如果存在参与方行为不规范的情况，就会严重扰乱市场运行秩序。如何加强市场制度建设、减少市场违规行为、控制市场不规范行为发生、保障市场有序发展是增强市场稳定性的必要措施。借鉴成熟资本市场经验，市场制度优化以及相关机构的有效监管必不可少。当然，上市公司、投资者、证券公司、会计事务所等各参与方的行为自律也是其中重要一环。

（5）规范存量股份尤其是大股东减持行为。大股东减持一直是股改后二级市场投资者最关心的问题。鉴于大股东是上市公司的信息知情人或实际控制人，监管机构应该对大股东减持行为进行必要的约束和规范，要求大股东披露详细的减持计划和减持动机，控制大股东减持的随意性，尽量降低信息的不对称性，减少上市公司股价的波动。考虑到存量股份在整个市场所占的比重，解决好大股东减持引起的股价波动，对维护资本市场稳定性具有积极作用。

（6）合理运用市场调控手段。资本市场适度波动可以体现市场的活力，这与资本市场系统稳定性要求并行不悖。然而，中国资本市场目前的波动往往远超正常范围，这种剧烈的震荡不利于资本市场的健康发展。尽管目前中国已经建立了涨跌停板、停牌制度、强化信息披露监管等多种方法，意图掌控个股和市场的短期波动幅度。这些方法在减少短期震荡上有效果，但从中长期来看，中国深、沪市场波动幅度较大，频率仍然很高，资本市场运行的稳定性较差。如何运用优化市场调控方法，合理运用法律、行政手段提升市场质量、控制市场波动非常重要。降低市场风险，增强投资者的信心、培养投资者长期投资的理念等都是中国市场稳定机制的现实需要。在自身市场机制失灵的情况下，合理运用调控手段是必要的。但是在调控力度、调控时效、作用范围上需要在实践中去磨合，这也是市场稳定运行的必经之路。

第9章 研究结论与未来展望

9.1 研究结论

在梳理与归纳资本市场系统稳定性特征的基础之上，本书从多个角度讨论了中国资本市场的系统稳定性评估、监测与预警指标体系。

首先，本书分别从网络结构特征、羊群行为与溢出效应等不同的视角出发，以中国股票市场为研究对象，讨论了资本市场系统稳定性的评估与监测。

（1）网络结构特征视角下，使用格兰杰因果网络模型模拟中国股票市场，分别从个股与行业两个维度讨论了中国股票市场的网络结构特征。

从复杂网络的角度看，在个股的维度下，中国股票市场不具有典型的无标度特性和小世界网络特性，度分布相对无标度网络更为均匀，网络结构相对小世界网络更加松散，说明个股网络更容易受到随机冲击的影响，蓄意攻击造成的影响也相对较小；平均路径较短，说明市场在受到冲击时会在较短时间内做出反应；聚类系数较小，说明网络结构较为松散，个股的随机冲击造成的绝对影响有限。从风险传染的角度来说，当个股出现大幅波动时，会在较短时间内影响到其他股票，但该影响的范围有限。

从行业的角度看，行业网络呈现出典型的无标度网络特征，表明针对行业的随机冲击并不会造成较大影响，而对钢铁、建筑、石油石化、有色金属以及机械行业的特定冲击会对整个市场造成巨大影响；平均路径长度小，表明在受到冲击时信息传递速度快；聚类系数较小，说明网络结构松散，个别行业的随机冲击影响有限。

　　这表明，中国股票市场具有一定的系统稳定性，尽管其网络分布较无标度网络更为均匀，也更容易受到系统性的冲击，但由于大部分节点的度相对较小，同时聚类系数较小，因此在受到随机冲击时的影响也十分有限。由于市场相对均匀的网络结构，中国 A 股市场需要更多地防范系统性风险，避免系统性事件对股市场造成冲击。

　　（2）羊群行为视角下，本书提出了股票市场系统稳定性评估与监测的 K 指标，并通过考察 K 指标与 FI 指标对股市崩盘与跳跃等极端性风险事件的影响，比较了二者的有效性。

　　K 指标从二阶矩的视角考察了股票错误定价在横截面维度的一致性程度；相比之下，关于股票市场系统稳定性评估的 FI 指标仅从一阶矩的角度评估了股票价格对于全局性因素风险暴露的敏感性。与此同时，K 指标剔除了有效率的价格调整所产生的影响，更加准确地刻画了股票市场系统稳定性。

　　通过考察系统稳定性对股市崩盘与跳跃等极端性风险事件的影响，本书对 K 指标与 FI 指标进行了比较。实证结果发现，无论是股指收益率崩盘与跳跃，还是行业共生性崩盘与跳跃，以及单个行业收益率崩盘与跳跃等，FI 指标均不能显著影响其崩盘与跳跃的发生概率；相反，K 指标则具有一致的显著性，反映出 K 指标能够更好地刻画股市系统稳定性，比 FI 指标提供了更多关于资本市场风险的信息。

　　（3）溢出效应视角下，本书基于 VAR 模型与多元 GARCH 模型，考察了股票市场与和债券市场间以及股票市场板块间的溢出效应特征。在风险生成机制方面区分了均值溢出和波动率溢出两种类型。

　　关于股市、债市间的风险溢出，实证结果表明，在均值溢出层面，股市和债市间存在显著的单向均值溢出，即股市收益率会显著影响债市收益率，但整体来说债市对股市不存在显著的均值溢出；在波动溢出层面，股市和债市间不存在显著的波动溢出，表现出市场分割的特征，股市和债市间运行相对独立，债市、股市出现的长期分割也是资本市场一体化程度低的体现之一。

　　关于股票市场板块间的风险溢出，本书发现，在股市板块之间存在不对称的均值溢出。主板对中小板、创业板有均值溢出，但其他方向上不存在均值溢出，板块间表现出协同效应；在波动溢出上，主板、中小板、创业板两两之间溢出显著，说明板块间具有风险传染性，这也与中国资本市场出现的现状相符。

　　其次，本书采用信号法讨论了系统稳定性预警指标体系的构建。

本书的待选预警指标来自于宏观经济、市场结构与投资者行为三个方面。通过使用 Heiberger（2014）提出的 m 指标，本书对股票市场系统稳定性进行了识别与判断，并分析了单个指标预警效力。围绕预警指标的准确性与时效性，最终选取了选取噪音信号比最小的 11 个指标组成预警指标体系，包括 OECD 领先指数、CPI 与 PPI 之差、M_1 与 M_2 同比增速之差、融资融券余额、美元指数、股债比、流通市值与 M_2 之比、创业板市场占比、直接融资比重、个人投资者持股占比、投资者情绪指数等。针对单个预警指标预警效力不足、不同预警指标可能发出矛盾信号等问题，通过方差加权方法构建了综合预警指标指数 CEI_t，能够比较好地提取各单个指标的预警信息，提高了预警的准确性，实证结果也表明 CEI_t 具有较好的预警效力。

第三，本书构建了资本市场系统重要性证券公司的评估指标体系。

参考的国际监管框架和中国证券业协会对证券公司的自律性要求，本书构建了资本市场系统重要性证券公司的评估指标体系，并以 2015 年的 40 家证券公司为样本，运用熵值法对资本市场系统重要性证券机构的特征与发展动态进行动态评估。研究发现，中信证券一直是系统极为重要的证券公司，海通证券、国泰君安分列其后；规模性、关联性是决定其系统重要性的关键因素，体现了 SIFIs "大而不倒"、"太关联而不倒"的负外部性；证券业具有规模差异大、业务多元化程度低、业务竞争激烈等特点；系统重要性证券公司间的波动关联度提高，金融机构之间风险溢出效应增强，应警惕证券业内部的风险传染。

最后，本书简要分析了美国、英国、日本、德国等成熟资本市场监管模式、政策法律制度演变等，总结了上述资本市场系统稳定性的实践经验，而后对比分析了中国资本市场系统稳定性现状。针对中国现存问题和成熟市场的经验总结，从优化资本市场运行环境、完善市场供需平衡机制、提高上市公司质量、规范市场参与主体、规范存量股尤其是大股东减持行为、合理运用市场调控手段六方面提出了一些有利于中国资本市场系统稳定发展的建议和措施。

9.2 可能的创新点

本书研究可能的创新点主要有以下三个方面。

（1）研究视角的创新。

以往对资本市场的研究多侧重于风险或波动等单维度方面，较少地综合考虑资本市场系统的多维度性。尽管系统稳定性不是一个新问题，但多集中于对金融系统稳定性度量和分析，而缺乏对于资本市场系统稳定性的讨论。在以银行体系的为主要对象的系统稳定性研究中，并不能充分满足当前金融稳定监管和实务操作的现实需要。在梳理与归纳资本市场系统稳定性基本特征的基础之上，本书从多个角度讨论中国资本市场的系统稳定性评估与监测，构建系统稳定性的预警指标体系，为资本市场系统稳定提供理论基础与监管工具。

（2）研究方法的创新。

在资本市场系统稳定性研究上，采用定性与定量研究相结合，从多个角度讨论中国资本市场的系统稳定性评估、监测与预警指标体系。采用网络结构模型、构造K指标、多元 GARCH 模型，分析资本市场的网络特征结构、羊群行为、溢出效应特征；构造 m 指标、指标信号法构造资本市场系统稳定性指标体系。从理论和实证两个方面对资本市场系统稳定性的特征、表现进行了评估和监测研究。这是本书在方法上可能的创新点。

（3）研究内容的创新。

本书在研究中国资本市场系统稳定性评估与监测时，首先分析了资本市场的网络结构特征、羊群行为、溢出效应等特征。其次，本书采用信号法，讨论了系统稳定性预警指标体系的构建，而后对资本市场重要参与者——证券公司进行了系统重要性评估，从机构层面进一步分析了资本市场系统稳定性。最后，本书还讨论了美国、英国、日本、德国的资本市场稳定性的实践经验，并结合报告研究结论对中国资本市场系统稳定性提出了一系列建议。上述对资本市场的多角度研究，都是基于系统稳定性的研究框架，这也是本书在内容上可能的创新点。

9.3　研究不足与展望

本书以稳定性为中心，从多个角度、用多种方法评估与监测了资本市场的稳定性情况，尽管在视角上和内容上，本书的研究具有一定的深度和新颖度，但仍然存在一些不足之处，这也是我们将尝试在未来研究中做进一步探讨的地方。

　　首先，在关于资本市场系统稳定性的评估、监测与预警研究中，本书主要以股市为研究对象，而较少讨论债市的系统稳定性。债市的风险特征与股市存在较大差异：对于投资者而言，股市风险侧重于价格波动而导致的市场风险，而债市风险则更加侧重于借款人或交易对手信用资质恶化而导致的信用风险。因此，在系统稳定性的表现形式上，股市系统稳定主要表现为股票价格在全市场范围内的同涨同跌，而债市系统稳定性则表现为违约事件在全市场范围的集中爆发。但是，长期以来，中国债市较少出现违约事件，也缺乏足够的数据或案例对债市作深入分析，评估与监测债市系统稳定性需要进一步研究。

　　其次，本书关于资本市场系统稳定性生成机制的理论研究深度不足。本书更加侧重于资本市场系统稳定性的评估与监测的方法研究。这些方法均建立金融稳定生成机制的理论基础之上，而并未对资本市场的系统稳定性作深入分析。金融市场和资本市场有着不同的内涵和范畴，风险来源和稳定机制表现不同，并不能简单套用。随着中国直接融资体系的壮大，资本市场将会在金融体系中承担愈加重要的角色，在今后的研究中，应该对资本市场的稳定生成机制作更深入探究。

参考文献

[1]   Achleitner Ann‐Kristin, Betzer André, Gider Jasmin. Do Corporate Governance Motives Drive Hedge Fund and Private Equity Fund Activities?[J] European Financial Management, 2010, 16(5): 805-828.

[2]   Acharya, Viral V., et al. Measuring Systemic Risk[J].Macroprudential Regulatory Policies 29.1002(2010): 85–119.

[3]   Adrian T, Brunnermeier M. Hedge Fund Tail Risk – Proposal for Q–Group[J]. Ssrn Electronic Journal, 2007.

[4]   Adrian T, Brunnermeier M. Covar: A systemic risk contribution measure[R]. Tech. rep., Princeton University, 2010.

[5]   Alexander, C., Sheedy, E. Developing a stress testing framework based on market risk models [J]. Journal of Banking and Finance, 2008,(32): 2220–2236.

[6]   Allen F, Gale D. Bubbles and Crises[J]. The Economic Journal, 2000, 110(460): 236–255.

[7]   Allen, Franklin, and A. Babus. Networks in Finance[J].Social Science Electronic Publishing 6.1(2008): 383–419.

[8]   Andrew Haldane, Simon Hall, Silvia Pezzini. A new approach to assessing risks to financial stability[R]. Bank of England Financial Stability Paper, 2007, (2): 1–45.

[9]   Antell J. Essays on the linkages between financial markets and risk asymmetries [J]. Svenska Handelshögskolan, 2004.

[10] Arouri M E H, Nguyen D K. Oil prices, stock markets and portfolio investment: evidence from sector analysis in Europe over the last decade[J]. Energy Policy, 2010, 38(8): 4528-4539.

[11] Asgharian H, Nossman M. Risk contagion among international stock markets[J]. Journal of International Money & Finance, 2011, 30(1): 22-38.

[12] Baker, M, Wurgler, J., 2006. Investor sentiment and the cross-section of stock return[J]. Journal of Finance, 2006, 61(4): 1645-1680.

[13] Bank of England. Financial Stability Report [R]. Issue No.27, December, 2010.

[14] Bank of England. Financial Stability Report[R]. Bank of England Working Paper, 2000.

[15] Barsky R B. Why don't the prices of stocks and bonds move together?[J]. The American Economic Review, 1989: 1132-1145.

[16] Bartram, Gregory W.Brow, John E. Hund. Estimating systemic risk in the international financial system[J]. Journal of Financial Economics,2007(3): 835-869.

[17] Berger, D., & Pukthuanthong, K.. Market fragility and international market crashes[J]. Journal of Financial Economics, 2012,105(3), 565-580.

[18] Berger, D., & Pukthuanthong, K.. Fragility, stress, and market returns[J]. Journal of Banking & Finance, 2016,62,152-163.

[19] Billio M, Getmansky M, Lo A W, et al. Measuring Systemic Risk in the Finance and Insurance Sectors[J]. 2010, 104(3): p á gs. 535-559.

[20] BIS. 79th Annual Report [R]. June, 2009.

[21] Blanchard O. Rethinking Macroeconomic Policy[J]. Journal of Money, Credit and Banking, 2010, 42(Supplement): 199-215.

[22] Borio C, Drehmann M. Assessing the Risk of Banking Crises[J]. Bis Quarterly Review, 2009, 29(4): 257-261.

[23] Borio C, Zhu H. Capital regulation, risk-taking and monetary policy: A missing link in the transmission mechanism? [J]. Bis Working Papers, 2008, 8(4): 236-251.

[24] Borio C, Zhu H. Capital regulation, risk-taking and monetary policy: a missing link in the transmission mechanism?[J]. Journal of Financial Stability, 2012, 8(4): 236-251.

[25] Borio C. Towards a Macroprudential Framework for Financial Supervision and

Regulation?[J]. CESifo Economic Studies, 2003, 49(2): 1–18.

[26]   Caruana J. Grappling with systemic risk[J]. Jassa, 2010(2).

[27]   Chant, J. Financial stability as a policy goal[R]. Bank of Canada Technical Report, Ottawa, 2003.

[28]   Chen, J., Hong, H., & Stein, J. C.. Forecasting crashes: trading volume, past returns, and conditional skewness in stock prices[J]. Journal of Financial Economics, 2001,61(3), 345–381.

[29]   Corsetti G, Dasgupta A, Morris S, et al. Does one Soros make a difference? A theory of currency crises with large and small traders[J]. The Review of Economic Studies, 2004, 71(1): 87–113.

[30]   Crockett A. Marrying the micro–and macro–prudential dimensions of financial stability[J]. BIS speeches, 2000, 21.

[31]   Crockett A. The theory and practice of financial stability[J], De Economist, 1996, (144): 531–568.

[32]   Crockett, A. Why is financial stability a goal of public policy?[R]. Federal Reserve Bank of Kansas City ,1997.

[33]   Crosbie P., J. Bohn, Modeling Default Risk[R]. White Paper, Moody's KMV, 2003.

[34]   Cull, Sembet and Sorge. Deposit Insurance and Financial Development[R]. World Bank Policy Research Working Paper,2003.

[35]   De Long, JB., Shleifer, A, Summers, L.H., Waldmann, R.J. Noise Trader Risk in Financial Markets[J]. Journal of Political Economy, 1990,98: 703–738.

[36]   Diamond D W, Dybvig P H. Bank runs, deposit insurance, and liquidity[J]. Journal of political economy, 1983, 91(3): 401–419.

[37]   Diamond D W, Rajan R G. Fear of fire sales, illiquidity seeking, and credit freezes[J]. The Quarterly Journal of Economics, 2011, 126(2): 557–591.

[38]   Disyatat P. The Bank Lending Channel Revisited[J]. Journal of Money, Credit and Banking, 2011, 43(4): 711–734.

[39]   Docherty P, Wang G. Using synthetic data to evaluate the impact of RTGS on systemic risk in the Australian payments system[J]. Journal of Financial Stability, 2010, 6(2): 103–117.

[40]   Dornbusch R, Goldfajn I, Vald é s R O, et al. Currency crises and collapses[J].

Brookings Papers on Economic Activity, 1995, 1995(2): 219–293.

[41] Dubecq S, Mojon B, Ragot X. Fuzzy Capital Requirements[J]. Risk–Shifting and, 2010.

[42] Duisenberg W F. The contribution of the euro to financial stability[J]. Globalization of Financial Markets and Financial Stability–Challenges for Europe, 2001: 37–51.

[43] Dumas B, Fleming J, Whaley R E. Implied volatility functions: empirical tests[J]. The Journal of Finance, 1998, 53(6): 2059–2106.

[44] Each O M, Each O M. Responding to the Financial Crisis and Measuring Systemic Risks[J]. International Monetary Fund, 2012.

[45] E. Philip Davis, Dilruba Karim. Comparing Early Warning Systems for Banking Crises[J]. Journal of Financial Stability, 2008, (4): 89–120.

[46] Engle R F, Kroner K F. Multivariate simultaneous generalized ARCH[J]. Econometric theory, 1995, 11(01): 122–150.

[47] Engsted T, Tanggaard C. The Danish stock and bond markets: Comovement, return predictability and variance decomposition[J]. Journal of Empirical Finance, 2001, 8(3): 243–271.

[48] Eun C S, Shim S. International Transmission of Stock Market Movements[J]. Journal of Financial and Quantitative Analysis, 1989, 24(2): 241–256.

[49] Ferguson, Roger W. Should financial stability be an explicit central bank objective?[Z]. paper prepared for Challenges to Central Banking from Globalized Financial Systems Conference at the IMF in Washington, D.C.,2002.

[50] Fioramanti, M. Predicting sovereign debt crises using artificial neural networks: a comparative approach [J]. Journal of Financial Stability, 2008,(4): 149–164.

[51] Foot, M. What is Financial Stability and How do We Get it? [Z]. The Roy Bridge Memorial Lecture, United Kingdom: Financial Services Authority, 2003.

[52] Forbes, Kristin J, Roberto Rigobon. No Contagion, Only Interdependence: Measuring Stock Market Comovements [J].Journal of Finance, 2002 (5), 2223–2261.

[53] Goodhart C, Kashyap A K, Tsomocos D P, et al. Financial Regulation in General Equilibrium[J]. Working Papers, 2012, 59(4): 367–377.

[54] Goodhart C., M. Segoviano, Banking stability measures, IMF Working Paper, 2009.

[55] Goodhart C.A. Traverse from the Micro to the Macro stress testing[R]. Conference Report on stress–testing and financial crisis simulation exercises, 2007.

[56]   Gray D, R. Merton, Z Bodie, New framework for measuring and managing macrofinancial risk and financial stability, NBER Working Paper, 2007.

[57]   Haldane, A, Hall, S, Pezzini, S. A new approach to assessing risks to financial stability[R]. Bank of England Financial Stability Paper, 2007 No.2.

[58]   Halkos, G, Sepetis, A. Can capital markets respond to environmental policy of firms? Evidence from Greece[J]. Ecological Economics, 2007, (63): 578–587.

[59]   Hart O, Zingales L. How to avoid a new financial crisis[R]. Working Paper, University of Chicago, 2009.

[60]   Hartmann P, Straetmans S, De Vries C G. Asset market linkages in crisis periods[J]. Review of Economics and Statistics, 2004, 86(1): 313–326.

[61]   Hendemhott, PH, Shilling, JD. The impact of the agencies on conventional fixed-rate mortgage yields[J]. Journal of Real Estate Finance and Economics,1989,(2): 101–115.

[62]   Heiberger R H. Stock network stability in times of crisis[J]. Physica A: Statistical Mechanics and its Applications, 2014, 393: 376–381.

[63]   Hesse H., Heiko, M. Segoviano, Distance dependence, tail risk and regime changes, IMF Working Paper, 2009.

[64]   Houbenand, A, Kakes, J, Schinasi, G. Towards a framework for safeguarding financial stability[R]. IMF Working Paper, 2004.

[65]   Huang X, H Zhou, H Zhu, A framework for assessing the systemic risk of major financial institutions[J], Journal of Bank and Finance, 2009,33: 2036–2049.

[66]   Hwang S, Salmon M. Market stress and herding[J]. Journal of Empirical Finance, 2004, 11(4): 585-616.

[67]   Illing M, Liu Y. An index of financial stress for Canada[M]. Bank of Canada, 2003.

[68]   Ilmanen A. Time - varying expected returns in international bond markets[J]. The Journal of Finance, 1995, 50(2): 481-506.

[69]   Iori, G. An analysis of systemic risk in alternative securities settlement architectures [R]. ECB Working Paper, 2004,404.

[70]   Kaminsky, G.L. Lizondo, Reinhart, C.M. Leading indicators of currency crises[J]. IMF Staff Paper, 1998, 45(1): 4-9.

[71]   Kaminsky, G.L., Reinhart, C.M. The twin crises: The causes of banking and

balance-of- payments problems[J]. American Economic Review, 1999,(89): 473-500.

[72]　Karninsky, GL. Currency crises: Are they all the same? [J]. Journal of International Money and Finance, 2006,(25): 503-527.

[73]　Kim KA, Rhee SG. Price limit performance: Evidence from the Tokyo Stock exchange[J],Journal of Finance, 1997,(52): 885-901.

[74]　King M, Sentana E, Wadhwani S. Volatiltiy and links between national stock markets[R]. National Bureau of Economic Research, 1990.

[75]　Kolari, JW, Fraser, D, Anari, A. The effects of securitization on mortgage market yields: A cointegration analysis[J]. Real Estate Economics, 1998,(26): 677-693.

[76]　Kostas Tsatsaronis. Accounting for risk transfer in macro- stress testing exercises: challenges some thoughts[R]. Conference report on stress- testing and financial crisis simulation exercises, 2007.

[77]　Kregel, JA. Margins of safety and weight of the argument in generating financial fragility[J], Journal of Economics Issues, 1997,(31): 543-548.

[78]　Krishnamurthy A, He Z. A Model of Capital and Crises[J]. Review of Economic Studies, 2012,79(11): 735-777.

[79]　Kritzman, mark and Y Li. Skulls, Financial Turbulence, and Risk Management[J] Financial Analysts Journal, 2010(5): 30-41.

[80]　Landau J P. Bubbles and macro'prudential supervision[J] Remarks at the Joint conference on the VFuture of Financial RegulationV, Banque de France and Toulouse School of Economics, Paris. 2009, 28.

[81]　Lee KE, Lee JW, Hong B.H. Complex networks in a stock market[J]. Computer Physics Communications, 2007, 177(1-2): 186.

[82]　Lehar, A. Measuring systemic risk: A risk management approach[J]. Journal of Banking and Finance, 2005, (29): 2577-2603.

[83]　Levine, R, Zervos, S. Stock markets, banks, and economic growth[J]. American Economic Review, 1996,88(88): 537-58.

[84]　Lin W L, Engle R F, Ito T. Do bulls and bears move across borders? International transmission of stock returns and volatility[J]. Review of Financial Studies, 1994, 7(3): 507-538.

[85] Lin, CS, Khan, HA, Chang RY, Wang, YC. A new approach to modeling early warning systems for currency crises: Can a machine-learning fuzzy expert system predict the currency crises effectively?[J]. Journal of International Money and Finance, 2006, 27(7): 1098-1121.

[86] Ling, M, Y Liu, An index of financial stress for Canada, Bank of Canada Working Paper, 2003.

[87] Liu, J, Tse, CK, He, K. Fierce stock market fluctuation disrupts scale free distribution[J], Quantitative Finance, 2011(11): 817–823.

[88] Lyon J D, Barber B M, Tsai C L. Improved Methods for Tests of Long–Run Abnormal Stock Returns[J]. The Journal of Finance, 1999, 54(1): 165–201.

[89] Marin, J M, Olivier, J P. The dog that did not bark: insider trading and crashes[J]. Journal of Finance, 2006,63(5), 2429–2476.

[90] Mark Kritzman, Yuanzhen Li, Sebastien Page, Roberto Rigobon. Principal Components as a Measure of Systemic Risk[J] The Journal of Portfolio Management,2011(4): 112–126.

[91] Mark Swinburne. The IMF's experience with macro stress–testing[R]. Conference Report on Stress–testing and Financial Crisis Simulation Exercises, July, 2007.

[92] Martin Cihak. Stress Testing: A Reviewof key concepts[R].CNB International Research and Policy Note, 2004.

[93] Matthieu Bussiere, Marcel Fratzscher. Towards a New Early Warning System of Financial Crises [J]. Journal of International Money and Finance, 2006(5): 953–973.

[94] May, RM. Will a large complex system be stable?[J]. Nature, 1972(238): 413–414.

[95] Merton, R., On the pricing of corporate debt: The risk structure of interest rates[J], Journal of Finance, 1974(29): 449–470.

[96] Michael Boss, Gerald Krenn, Claus Puhr, Martin Summer. Systemic risk monitor: A model for systemic risk analysis and stress testing of banking systems[R]. CNB Financial Stability Report, 2007: 83–95.

[97] Mouratidis, K. Evaluating currency crises: A Bayesian Markov switching approach[J]. Journal of Macroeconomics, 2008, 30(4): 1688–1711.

[98] Naylor M J, Rose L C, Moyle B J. Topology of foreign exchange markets using hierarchical structure methods[J]. Physica A: Statistical Mechanics and its Applications, 2007,

382(1): 199–208.

[99] Neuberger D, Rissi R. Macroprudential Banking Regulation: Does One Size Fit All?[J]. Social Science Electronic Publishing, 2012.

[100] Nicolo, G.D, Kwast, ML. Systemic risk and financial consolidation: Are they related?[J]. Journal of Banking & Finance, 2002, 26(5): 861–880.

[101] Officer, RR. The variability of market factor of the New York Stock Exchange[J], Journal of Business, 1973,46(3): 434–453.

[102] Onnela, JP, Chakraborti, A Kaski, K, Kert é sz, J. Dynamic asset trees and Black Monday[J], Physica A, 2003(324): 247–252.

[103] Padoa–Schioppa, T. Central Banks and Financial Stability: Exploring a Land in. the Transformation of European Financial System[J]. ECB, 2003, (2): 270–310.

[104] Pukthuanthong, K, Roll, R. Global market integration: a better way to measure it and its application[J]. Journal of Financial Economics, 2009(94): 214–232.

[105] Ryoo, S. Long waves and short cycles in a model of endogenous financial fragility[J]. Journal of Economic Behavior & Organization, 2010, 74(3): 163–186.

[106] Sannikov Y. The I–Theory of Money[J]. Markus Brunnermeier, 2013.

[107] Schinasi, G. Preserving Financial Stability[R], IMF Economic Issues, 2005.

[108] Schinasi, G. Private finance and public policy [R]. IMF Working Paper, 2007,4(120).

[109] Schwarcz, S.L. Systemic risk[J].The Georgetown Law Journal, 2008,97(1): 193–249.

[110] Schwert GW. Why does stock market volatility change over time?[J]. The Journal of Finance, 1989, 44(5): 1115–1153.

[111] Shin H S. Financial intermediation and the post–crisis financial system[J]. 2010.

[112] Summer, M. Systemic risk monitor–risk assessment and stress testing for the Austrian banking system[R]. Austrian National Bank Working Paper, 2006.

[113] Sundararajan V, E. Charles, S Armida, Paul H, Russell K, Marina M, Graham Slack, Financial soundness indicators: Analytical aspects and country practices[J], IMF Occasional Paper, 2002, 212.

[114] Tarashev N, C Borio, K Tsatsaronis, Attributing systemic risk to individual institutions: Methodology and political implications[J], BIS Working Paper, 2010.

[115]   Tarashev N, M Drehmann. Measuring the systemic importance of interconnected banks[J], BIS Working Papers, 2011.

[116]   Teplova T V, Asaturov K. ARMA–DCC–GARCH Model for the Analysisof Integration Processes by Volatility Spillover Effects in the Capital Markets of the Three Regions[J]. Placenta, 2006, 27(11–12): 1060–1072.

[117]   The Board of Governors of the Federal Reserve System. the Annual Report [R]. Washington: Federal Reserve System,1998.

[118]   Thorbecke, W. On stock market returns and monetary policy[J]. Journal of Finance, 1995, 52(2): 635–654.

[119]   Todd, S. The effects of securitization on consumer mortgage costs[J]. Real Estate Economies, 2001,29(1): 29–54.

[120]   Tse, CK, Liu, J, Lau, FCM. A network perspective of the stock market[J], Journal of Empirical Finance,2010(17): 659–667.

[121]   Tumminello, M, Aste, T, Di Matteo, T, Mantegna, RN. A tool for filtering information in complex systems[J], PNAS, 2005,(102): 10421–10426.

[122]   Uhlig H. A Model of a Systemic Bank Run[C]. Becker Friedman Institute for Research in Economics, 2009: 78–96.

[123]   Valencia F. Monetary policy, bank leverage, and financial stability[J]. Journal of Economic Dynamics & Control, 2011, 47(244): 20–38.

[124]   Wigner, EP. Statistical properties of real symmetric matrices with many dimensions[M], Univ. Toronto Press, Toronto, 1959: 174–184.

[125]   Yuan, K. Asymmetric price movements and borrowing constraints: a rational expectations equilibrium model of crises, contagion, and confusion[J]. Journal of Finance, 2005, 60(1), 379–411.

[126]   Zhang J, Zhang D, Wang J, et al. Volatility Spillovers between Equity and Bond Markets: Evidence from G7 and BRICS[J]. Journal for Economic Forecasting, 2013 (4): 205–217.

[127]   曹凤岐. 改革和完善中国金融监管体系 [J]. 北京大学学报哲学社会科学版，2009，46（4）：57–66.

[128]   陈华，伍志文. 银行体系脆弱性：理论及基于中国的实证分析 [J]. 数量经济技术经济研究，2004（9）：120–135.

[129]　陈辉煌，高岩.基于复杂网络理论的证券市场网抗毁性分析[J].金融理论与实践，2008（6）：86–89.

[130]　成家军.宏观审慎监管：概念、特点与政策框架[J].内蒙古金融研究，2009（7）：10–14.

[131]　代冰彬，岳衡.货币政策，流动性不足与个股暴跌风险[J].金融研究，2015（7）：135–151.

[132]　邓超，陈学军.基于复杂网络的金融传染风险模型研究[J].中国管理科学，2014（11）：11–18.

[133]　段小茜.金融稳定及其变迁的新政治经济学分析[J].金融研究，2010，55（9）：171–183.

[134]　段小茜.金融稳定界说：定义、内涵及制度演进[J].财经科学，2007（1）：1–9.

[135]　范小云，王道平，方意.我国金融机构的系统性风险贡献测度与监管——基于边际风险贡献与杠杆率的研究[J].南开经济研究，2011（4）：3–20.

[136]　郭卫东.中国上市银行的系统性风险贡献测度及其影响因素——基于MES方法的实证分析[J].金融论坛，2013（2）：16–21.

[137]　何建雄.建立金融安全预警系统：指标框架与运作机制[J].金融研究，2001（1）：105–117.

[138]　华晓龙.基于宏观压力测试方法的商业银行体系信用风险评估[J].数量经济技术经济研究，2009（4）：117–128.

[139]　黄亭亭.宏观审慎监管：原理、工具及应用难点[J].中国金融，2010（12）：40–41.

[140]　贾彦东.金融机构的系统重要性分析——金融网络中的系统风险衡量与成本分担[J].金融研究，2011（10）：17–33.

[141]　江曙霞，罗杰，黄君慈.信贷集中与扩张，软预算约束竞争和银行系统性风险[J].金融研究，2006（4）：40–48.

[142]　金荦，陶玲.新一轮国际金融监管体制改革的核心：强化宏观审慎监管[J].比较，2009（4）：12–19.

[143]　赖娟，吕江林.基于金融压力指数的金融系统性风险的测度[J].统计与决策，2010（19）：128–131.

[144]　黎世民，洪磊，傅忠谦，周佩玲．基于复杂网络的金融市场网络结构实证研究 [J]. 复杂系统与复杂性科学，2011（9）：29–33.

[145]　李金华．国家经济安全监测警示系统的构建 [J]. 中南财经政法大学学报，2001（5）：27–30.

[146]　李文泓．关于宏观审慎监管框架下逆周期政策的探讨 [J]. 金融研究，2009（7）：7–24.

[147]　李新，周琳杰．中央对手方机制防范系统性金融风险研究 [J]. 财贸经济，2011（10）：63–68.

[148]　李妍．宏观审慎监管与金融稳定 [J]. 金融研究，2009（8）：52–60.

[149]　李志生，杜爽，林秉旋．卖空交易与股票价格稳定性——来自中国融资融券市场的自然实验 [J]. 金融研究，2015（6）：173–188.

[150]　厉浩，陈庭强，何建敏．复杂网络理论的银行间市场网络结构演化模型 [J]. 北京理工大学学报（社会科学版），2012（4）：71–76.

[151]　廖旗平，陈建梁．中国股市系统和系统风险研究 [J]. 金融教学与研究，2004（4）：27–31.

[152]　林琳，曹勇．中国影子银行体系与系统性风险压力指数构建 [J]. 上海金融，2013（9）：64–68.

[153]　林永军．金融生态建设：一个基于系统论的分析 [J]. 金融研究，2005（8）：44–52.

[154]　刘教兴．中国股市系统风险预警模型及实证分析——多因素层次模糊综合评价 [J]. 金融经济，2007（20）：108–110.

[155]　刘维奇，刘新新．个人和机构投资者情绪与股票收益——基于上证 A 股市场的研究 [J]. 管理科学学报，2014，17（3）：70–87.

[156]　刘晓星．风险价值，压力测试与金融系统稳定性评估 [J]. 财经问题研究，2009，09.

[157]　史永东，丁伟，袁绍锋．市场互联，风险溢出与金融稳定——基于股票市场与债券市场溢出效应分析的视角 [J]. 金融研究，2013（3）：170–180.

[158]　童牧，何奕．复杂金融网络中的系统性风险与流动性救助——基于中国大额支付系统的研究 [J]. 金融研究，2012（9）：20–33.

[159]　汪小帆．复杂网络理论及其应用 [M]. 清华大学出版社，2006.

[160] 王曦,邹文理.货币政策对股票市场的冲击[J].统计研究,2011,28(12):55-65.

[161] 王燕辉,王凯涛.股票交易量对收益率波动性的影响——对深市个股的实证分析[J].金融研究,2004(12):81-88.

[162] 王长江.金融稳定研究:内涵及一个框架[J].上海金融,2006(11):23-26.

[163] 王达,项卫星.论国际金融监管改革的最新进展:全球金融市场LEI系统的构建[J].世界经济研究,2013(1):10-14.

[164] 位志宇,杨忠直.经济增长与股价波动的相关性研究——基于中国香港的证据[J].金融研究,2007(3):112-124.

[165] 闻岳春,黄福宁.资本市场系统风险评估模型及其实证应用[J].金融理论与实践,2010(1):14-19.

[166] 吴翎燕,韩华,宋宁宁.基于相关系数和最佳阈值的股票网络模型构建[J].复杂系统与复杂性科学,2013,10(4):49-55.

[167] 吴军.金融稳定内涵综述及框架分析[J].外国经济与管理,2005(3):48-55.

[168] 夏斌.从全球通胀到美国金融危机——本轮世界经济周期的发展逻辑及中国对策[J].新金融,2009(4):9-13.

[169] 夏洪涛.强化中央银行宏观审慎监管权限的思考[J].武汉金融,2009(10):38-40.

[170] 肖朝胜.股市危机预警系统研究[D].博士学位论文.2008.

[171] 徐光林.我国银行业金融机构资产规模的宏观压力测试[J].新金融,2008(11):21-25.

[172] 徐国祥,檀向球.我国A股市场系统性风险的实证研究[J].统计研究,2002(5):37-41.

[173] 徐明东,刘晓星.金融系统稳定性评估:基于宏观压力测试方法的国际比较[J].国际金融研究,2008(2):39-46.

[174] 徐诺金.论我国金融生态环境问题[J].金融研究,2005(11):31-38.

[175] 尹久.宏观审慎监管:中央银行行使的依据、目标和工具[J].武汉金融,2010(8):16-18.

[176] 于润,孙武军.政府行为,系统性风险与金融稳定性[J].经济理论与经济

管理，2007（7）：33-39.

[177]　张承惠 . 资本市场系统风险现状与产生原因 [J]. 中国金融，2008（1）：53-55.

[178]　张洪涛，段小茜 . 金融稳定有关问题研究综述 [J]. 国际金融研究，2006（5）：65-74.

[179]　张坤 . 集体行为与金融稳定：以金融系统论为视角 [J]. 金融监管研究，2013（2）：97-114.

[180]　张岷 . 金融稳定评估指标体系的构建 [J]. 统计与决策，2007(1):60-61.

[181]　郑义彬 . 中国股市系统风险估值研究 [J]. 武汉理工大学学报（信息与管理工程版），2007，29（1）：122-126.

[182]　中国人民银行金融稳定分析小组 . 中国金融稳定报告 (2010)[M]. 北京，中国金融出版社，2010：122-137.

[183]　钟伟，钟根元，王浣尘 . 基于 PS 法的金融体系稳健性的综合评价 [J]. 系统工程理论方法应用，2006（3）：260-265.

[184]　仲彬，陈浩 . 金融稳定监测的理论、指标和方法 [J]. 上海金融，2004（9）：33-35.

[185]　周浩 . 从英美欧金融监管体制变革看我国宏观审慎管理发展趋势——兼谈金融监管与货币政策关系问题 [J]. 经济体制改革，2011（3）：144-148.

[186]　周天芸，余洁宜 . 信用风险转移与中国商业银行的系统性风险 [J]. 金融论坛，2012（8）：56-61.

[187]　周天芸，周开国，黄亮 . 机构集聚、风险传染与香港银行的系统性风险 [J]. 国际金融研究，2012（4）:77-87.

[188]　周小川 . 金融政策对金融危机的响应——宏观审慎政策框架的形成背景、内在逻辑和主要内容 [J]. 金融研究，2011（1）：1-14.

[189]　周岩 . 我国 A 股市场系统性风险评价与对策研究 [D]. 中南大学，2003.

附　　录

缩写	英文全称	中文全称
BCBS	Basel Committee on Banking Supervision	巴塞尔委员会
BIS	Bank for International Settlements	国际清算银行
BOE	Bank of England	英格兰银行
CCA	Contingent Claims Analysis	状态要求权分析
CDS	Credit Default Swap	信用违约互换
DCC-GARCH	Dynamic Conditional Correlation – GARCH	动态条件相关广义自回归模型
ECB	European Central Bank	欧洲中央银行
ESRB	European Systemic Risk Board	欧洲系统性风险理事会
Finra	Financial Industry Regulatory Authority	（美国）金融业管理组织
FRB	Federal Reserve Board	（美国）联邦储备委员会
FSB	Financial Stability Board	金融稳定委员会
FSMD	Financial System Multivariate Density	金融系统多变量密度函数
GARCH	Generalized Autoregressive Conditional Heteroskedasticity	广义自回归条件异方差
IAIS	International Association of Insurance Supervision	国际保险监督协会
IMF	International Monetary Fund	国际货币基金组织
IOSCO	International Organization of Securities Commissions Organization	国际证监会组织
LSE	London Stock Exchange	伦敦证券交易所
MES	Marginal Eexpected Shortfall	边际预期损失
OECD	Organization for Economic Cooperation and Development	经济合作与发展组织
OTC	Over The Counter	场外交易
SIFIs	Systemically Important Financial Institutions	系统重要性金融机构
VAR	Vector AutoRegression	向量自回归